KB166894

세종의
적솔력

세종의 적솔력

초판 1쇄 발행 2016년 7월 7일
초판 9쇄 발행 2024년 4월 29일

지은이 박현모
펴낸이 유정연

이사 김귀분
기획편집 신성식 조현주 유리슬아 서옥수 황서연 정유진 **디자인** 안수진 기경란
마케팅 반지영 박중혁 하유정 **제작** 임정호 **경영지원** 박소영
본문 캘리그라피 강병인

펴낸곳 흐름출판 **출판등록** 제313-2003-199호(2003년 5월 28일)
주소 서울시 마포구 월드컵북로5길 48-9(서교동)
전화 (02)325-4944 **팩스** (02)325-4945 **이메일** book@hbooks.co.kr
홈페이지 http://www.hbooks.co.kr **블로그** blog.naver.com/nextwave7
출력·인쇄·제본 삼광프린팅 **용지** 월드페이퍼(주) **후가공** (주)이지앤비(특허 제10-1081185호)

ISBN 978-89-6596-190-1 03320

• 흐름출판은 독자 여러분의 투고를 기다리고 있습니다. 원고가 있으신 분은 book@hbooks.co.kr로 간단한 개요와 취지, 연락처 등을 보내주세요. 머뭇거리지 말고 문을 두드리세요.
• 파손된 책은 구입하신 서점에서 교환해 드리며 책값은 뒤표지에 있습니다.

세종의 적솔력

박현모 지음

흐름출판

世宗의
迪率力

머리말

인간 세종과의 결정적인 만남

"그야 말할 필요도 없이, 세종을 만났을 때였지요."

얼마 전 '내 인생의 결정적 순간'을 묻는 언론사 기자의 질문에 나는 이렇게 대답했다. 연구 대상으로서가 아니라 내 삶의 준거(準據) 인물로서 세종과의 만남은 우연적이면서도, 어쩌면 운명적인 계기에서 비롯되었다. 물론 박사논문을 집필하면서 읽었던 정조의 말, 즉 "옛날 임금들은《세종실록》에 있는 글귀를 늘 외우고 다녔다"는 글귀를 읽으면서, 내 마음은 이미 세종에게 가 있었다. 하지만 그때까지만 해도 연구 대상으로서 세종의 업적에 대한 호기심 차원에 머물러 있었다.

2005년 10월 14일 경복궁에서 처음 '실록학교'를 시작할 때만 해도 나는 내 삶의 궤도가 이렇게 펼쳐질 것인지 전혀 예상하지 못했다. 《세종실록》을 경복궁에서 시민들에게 강의하겠다는, 당시로선 기발하고, 실현 불가능해 보이는 발상을 한 것은 문화재청의 어떤 분과의 대화 덕분이었다. 그때 나는 문화재청의 정책과제인 〈선조(先祖)에게 배우는 혁신리더십〉이라는 프로젝트를 수행하고 있었다.

담당 과장과 밥을 먹다가 나는, "맨날 경복궁에 가면 궁궐 해설사들이, 무슨무슨 식 건물이며 몇 년도에 지어졌다가 일제에 의해서 파괴되었다는 식의, 궁궐 나오자마자 잊어먹을 이야기만 하고 있다. 세종이 16년여 간 집무하신 경복궁에서 세종 이야기를 듣고 배울 수 있는 프로그램이 있으면 좋겠다"라고 말했다. 그 과장은 그 자리에서 "그럼 우리가 그것을 한번 해봅시다"라고 화답했다.

우여곡절 끝에 경복궁 근정전이 바라다 보이는 곳에서 '세종실록학교'를 열었다. 그때 나는 서울대학교 사회과학원에서 한국정신문화연구원(지금의 한국학중앙연구원)으로 옮겨와서 정조의 벤치마킹 대상이었던 《세종실록》을 겨우 1회독을 끝냈을 무렵이다. 《세종실록》의 감동은 《정조실록》에 비교할 수준이 아니었다. 비유하자면 《정조실록》이 대학원 수업처럼 빡빡한 내용에, 날 선 비판의 검(劍)들의 대결이 계속되는 내용이라면, 《세종실록》은 잘된 사전준비 속에서, 예측 못한 흥미로운 발견을 계속 해가는 문화재 답사 같은 것이었다.

《세종실록》 속 리더십 이야기는 그냥 훌륭한 인물들의 성공담이 아니었다. 숱한 장애물들을 '함께 의논해서' 헤쳐 나가는, 우리 주위에서 실천할 수 있을 것 같은 그런 이야기였다. 특히 신분과 학벌과 문벌이라는 여러 어려움을 뚫고 마침내 소명을 이루어가는 숱한 사람들의 이야기들이 나를 감동시켰다. 바로 그런 《세종실록》 이야기를 6주간의 강의를 통해 마치고, 수료생들의 독촉과 성화 속에 그 다음 해인 2006년 1월 13일에 제2기 실록학교를 시작할 때의 나는 이미 예전의 내가 아니었다.

1기 실록학교를 진행하면서 수강생들로부터 들은 숱한 질문들과, 그 사이에 새로운 강의교재를 준비하면서 되읽은 《세종실록》 속 놀라운 이야기들로 내 영혼은 춤추었다. 《세종실록》을 되읽으면서 내게 생긴 큰 변화는 내가 곤경에 처했을 때, 좌절당했을 때 나도 모르게 《세종실록》 한 대목을 펴서 읽는 버릇이 생겼다는 점이다.

몇 년 전 나는 점심을 먹고 연구실 의자에 기대어 잠깐 잠이 든 적이 있다. 꿈 속 분위기가 얼마나 스산하던지, 읽고 있던 아더 쾨슬러의 소설 《한낮의 어둠(Darkness at Noon)》에 나오는 주인공이 말하는 '버려진 자의 아픔'을 곱씹는 기분이었다. 그 당시 나는 나아가지도 않고, 그렇다고 중간에 내릴 수도 없는 '꽉 막힌 고속도로 위 버스'에서 마냥 서서 기다려야 하는 처지였다. 어찌나 그 아픔이 깊고 힘들었던지 나는 두려움에 떨며 의자에서 벌떡 일어났다. 나도 모르게 책장에 꽂혀 있는《세종실록》한 권을 꺼내 읽었다.

그때 우연히 집어든 책이《국역 세종실록》5권이었다. 아무렇게나 책의 한 곳을 펼쳐 읽었다. 두어 시간을 꼼짝 않고 읽은 나는 '아! 세종에게도 어찌할 줄 모를 정도로 힘든 때가 있었구나' 라는 사실을 새삼 발견했다. 지금도 실록의 그 대목을 보면 감동이 새롭게 밀려오는데, 대충 이런 내용이다.

올 여름은 심하게 가물더니, 이제 한겨울인데도 너무 따뜻하여 내년 농사가 걱정이다. 어제는 짙은 안개가 끼어 한 치 앞도 내다볼 수 없었다. 장차 재앙이 올 징조가 아닌가 싶다. 요즘 경들은 과감한 말로 내 앞에서 쟁간(爭諫)하지 않을뿐더러, 대책을 의논해 보라고 하면, 한 사람이 옳다고 하면 다 옳다고 하고, 또 다른 사람이 그르다고 하면 다 그르다고 말하여, 한 사람도 자기 의견을 말하는 자가 없다.

당시 세종은 참 어려운 시기를 지내고 있었다. 각종 강력범죄가 속출하고, 강원도와 평안도 등지에 심한 기근이 들어 고향을 떠나 떠도는 사람이 줄을 잇고, 설상가상으로 그보다 한 달 전인 1425년 11월에는 태풍까지 휩쓸고 지나갔다. 특히 새로운 화폐제도, 즉 동전법 강행에 대한 백성들의 저항은 세종으로서 감당하기 힘든 일이었다. "책을 통해 나라 다스리는 도리를 살펴보면, 손바닥 뒤집는 것처럼 쉽다. 그러나 실지의 일에 당면하면 어찌할 바를 모르겠다"(《세종실록》 7/12/8)라는 한탄은 그야말로 '세종의 정치 버스'가 멈춰 선 것 같은 상황에서 나온 것이었다.

그런데 이상하게도 세종의 그런 좌절과 한탄이 내게 힘을 불어 넣어주었다. '세종도 여건과 상황이 잘 맞아 떨어져서 탁월한 업적을 낸 게 아니었구나. 그 역시 하루하루 일상을 진실된 마음으로 실제에 도움이 되는 정치를 위해 정성과 지성의 노력을 기울인 결과 훌륭한 임금으로 기억되는구나' 하는 생각이 들었다. 지금도 방학이 되면 고생할 것을 번연히 알면서도 '세종실록학교'며 '세종실록강독회'를 다시 시작한다. 그 이유는 온전히 그때 《세종실록》에서 득력(得力)한 내공 때문이 아닌가 생각한다.

세종 관련 모임을 진행하면서 얻은 가장 큰 결실은 사자성어로 된 세종어록이었다. 사자성어는 통찰력 있는 문장을 압축적으로 전달할 수 있는 가장 효과적인 어구(語句)로, 예로부터 지금까지 가장 빈번히 사용되는 표현법이다. 이 책은 세종시대 군신들의 어록 중 52개의 사자성어를 엄선하여 해제를 붙였다. 52개를 선정한 것은 누구나 매주 가까이에서 읽고 나눌 수 있도록 하기 위해서다.

어록 중에서 사자성어 이상의 긴 문장의 경우는, 내용을 잘 전달할 수 있되 한문 용법에 맞게 축약하는 작업을 했다. 예컨대 "대개 일을 쉽게 여기고 하면 성공하지 못하나, 그 일을 어렵게 여겨서 하는 이는 반드시 성공하는 것이니 너는 그것에 힘쓰라[大抵易其事而爲之 事竟不成. 難其事而爲之者 事必成 爾其勉之]"(《세종실록》 9/12/8)라는 문장은, '난사위지(難事爲之)'라는 네 글자로 집약하고, '다스리는 것을 어렵게 여겨 신중하게 하라'라는 뜻풀이를 덧붙였다.

이렇게 하는 데에는 한국형리더십연구회의 손욱 회장님 등 많은 분들의 공감과 지적이 큰 도움이 되었다. 포스코와 삼성경제연구소의 후원으로 거의 6년간 서울 강남에서 월례회의를 할 때마다 나는 밤을 새워야 했다. 다음 날 새벽에 내가 발표하는 세종어록을 이 분들이 어떻게 받아들일까? 기업을 경영하시는 분, 현직 검사, 경영학자들이 이런 내용을 어떻게 받아들일까 하는 부담을 안고《세종실록》을 되읽었다. 날이 뿌연이 밝아오는 시점에 탁월한 세종의 통찰을 발견할 때는 혼자서 환호작약하기도 했다.

날카로운 지적과 따뜻한 도움말씀을 주신 분들께 이 기회를 빌어 깊이 감사드린다.

끝으로, 내 인생의 결정적인 순간으로 말을 열었으니, 내게 큰 영향을 준 책을 소개하는 것으로 글을 맺으려 한다. 내 삶에 큰 영향을 준 책은 아놀드 토인비(A. Toynbee)의 《역사의 연구(A Study of History)》다. 《정조실록》이나 《세종실록》이 아닌 영국의 역사가 토인비의 책을 드는 것에 의아한 분들도 있겠지만, 석사 과정에서 읽은 《역사의 연구》의 한 문장이 나로 하여금 새로운 길을 걸을 수 있게 추동했기 때문이다. 약간 길지만 그 대목을 잠깐 옮겨보면 이렇다.

> 옛적에 벌거벗은, 집도 불도 모르는 야만인의 한 무리가 열대지방의 따뜻한 고향을 떠나서, 이른 봄부터 늦은 여름까지 천천히 북쪽으로 향했다. 그들은 9월의 불쾌한 밤추위가 시작되기 전까지는 자기들이 상하국(常夏國: 항상 여름인 나라)을 뒤에 두고 떠나왔다는 것을 상상조차 못했다. 나날이 추위가 더해 갔다. 그들은 그 이유를 모르고 추위를 피하려고 이리저리 헤맸다. 걸음을 돌려 다시 남쪽으로 향한 사람들도 있었다. 그러나 옛날 고향으로 되돌아간 사람은 극소수에 불과했다. 그들은 거기서 예전과 같은 생활을 계속했다. 그들의 후손이 오늘날까지 문명 없이 살아가는 야만인이다.

이들과 반대쪽으로, 헤매면서도 앞으로 나아가던 사람들은 소수를 제외하고는 모두 죽고 말았다. 그런데 이 소수의 무리가 살을 에는 듯한 찬 공기를 피할 길이 없다는 것을 알게 되었을 때, 그들은 인간능력의 가장 고귀한 부분을 개발했다. 마침내 발명하는 능력을 발휘하기 시작한 것이다. 더러는 토굴을 파서 거처를 찾으려 했고, 더러는 초막과 따뜻한 잠자리를 만들려고 나뭇가지와 잎사귀들을 긁어모았다. 더러는 잡은 짐승의 가죽으로 몸을 감쌌다.

얼마 안 있어, 이들 소수는 문명을 향한 위대한 전진을 하게 되었다. (…) 그들은 처음에 죽을 수밖에 없다고 생각했던 그곳에서 새로운 삶을 시작하게 되었다.(토인비, 《역사의 연구 1》)

대학원 시절, 없는 용돈 쪼개어 구입한 '삼성판 세계사상전집' 36권 중에서 발견한 토인비의 이 책은, 그의 역사관에 대한 찬반 논쟁을 떠나서 내 학문 방향 설정의 지침이 되었다. 따뜻한 상하국에 머물러 있을 것인가, 아니면 추위를 뚫고 새로운 곳으로 도전하는 '창조적 소수'가 될 것인가. 20대의 내 마음을 휘돌던 감동을 지금도 나는 느낀다.

취직 잘되고, 친숙하게 느껴졌던 서양정치사상, 즉 석사 때까지 공부하던 막스 베버를 계속할 것인가, 아니면 춥고 배고프다는 한국정치사상, 정조(正祖)로 주제를 바꿀 것인가를 정할 때도,

토인비의 그 이야기는 나침반 역할을 했다.

지금도 나는 늘 위기를 느낀다. 안주하고 싶은 유혹이 생긴다. 그러나 나는 다짐한다. 여전히 현재진행중인 대형 인명사고의 역사를 멈춰서게 하는 방법을 실록 속에서 기어코 찾아내는 정치학자가 되겠다고. 좌절의 늪에 빠졌을 때라도 하루하루 진실된 마음으로 온 힘을 다해 이겨내는 세종 같은 리더가 되겠다고. 그리고 무엇보다 학문의 상하국에 안주하지 않고 새롭게 개척하고 도전하는 한국형 리더십의 프론티어가 되겠다고.

박현모

차례

1장 변화의 첫걸음은 진실된 마음

업무 효율을 높이려면

인재를 춤추게 한 비밀

4장 신명 나는 회의

5장 마지막까지 놓쳐서는 안 되는 것들

• **일러두기**

1. 실록 기사의 날짜는 다음과 같은 방법으로 간략히 적었다.
   《세종실록》 세종 재위 28년 3월 13일 → 《세종실록》 28/3/13
2. 《세종실록》의 내용은 세종대왕기념사업회의 번역을 참조하되, 원문(한문)을 직접 읽어가면서 지금의 어법과 용어에 맞게 재번역하였다.
3. 이 책에 사용한 사자성어는 (1)삼성인력개발원의 2013년 연구보고서('세종의 인재경영 연구'), (2)한국교육개발원의 2014년 정책과제('창조경제 스토리텔링 소재 개발 연구'), (3)경기도 여주교육지원청의 2016년 학술 연구 용역('세종리더십 인성교육 교원 연수 보조교재 개발'), 그리고 (4)한국형리더십개발원의 2015년 연구보고서('사자성어로 읽는 세종리더십') 등에서 활용하였음을 밝힌다.
4. 책 제목 《세종의 적솔력》은 "지도자가 앞장서서 끌어가고(迪) 솔선수범하여(率) 성과를 거두어야 한다"라는 세종어록에서 취한 것이다.
5. '우리 시대 최고의 캘리그라퍼' 강병인 작가의 사자성어 글씨로 이 책이 더욱 값지게 되었다. 깊이 감사드린다.

01

변화의 첫걸음은 진실된 마음

문어농부 問於農夫

현장에 답이 있다

"이날 행차에 다만 그날 근무하는 호위군관 한 명만 거느리고, 임금이 쓰는 홍양산과 부채를 쓰지 않았다. 벼가 잘되지 못한 곳을 보면, 반드시 말을 멈추고 농부에게 까닭을 물었다."

是日之行, 只率入番內禁衛司禁, 勿用繖扇. 見禾稼不盛之處, 必駐馬問於農夫

• 《세종실록》 재위 7년 7월 1일

문어농부(問於農夫)란 '농부에게 물었다'라는 뜻이다.

재위 7년째가 되는 1425년은 세종에게 가장 어려운 고비였다. "20년 이래로 이와 같은 가뭄은 보지 못했다"라는 세종의 말이 보여주듯이(《세종실록》 7/7/7) 극심한 가뭄이 엄습했다. 가뭄을 걱정한 나머지 열흘 동안 꼬박 앉아서 날이 샐 때까지 기도하던 세종은 급기야 몸져눕고 말았다. 50여 일의 와병(臥病) 중 열흘간은 조정에서 장례를 준비해야 할 정도로 위태로웠다(《세종실록》 7/7/28, 7/윤7/19, 7/윤7/24).

이런 와중에도 조정 관리들의 태도는 한심했다. "한 사람이 옳다 하면 다 따라서 옳다 하고, 한 사람이 그르다 하면 다 따라서 그르다" 하며 뇌동(雷同)하는 풍토가 만연했고(《세종실록》 7/7/7), 지방 근무를 꺼려 정승과 환관에게 서울 근무를 청탁하기도 했다(《세종실록》 7/7/25). 병조에서 보고한 것을 보면, 흉년으로 경기도 사람들이 집단 도망하여 그곳 선군(船軍) 중 732명이 결원되어 "해변 방어가 매우 허술한" 지경에 이르렀다(《세종실록》 7/8/18).

이런 상황에서 세종이 취한 것은 현장에 나가 직접 보는 것이었다. 제시된 인용문은 재위 7년 7월 1일 자 실록 기사다. 이날 세종은 "가뭄이 너무 심하다. 소나기가 잠시 내렸으나, 안개가 끼고 흙비가 왔을 뿐이다. 기후가 순조롭지 못하여 이렇게 되니, 장차 나가서 벼농사 형편을 보리라" 했다. 그리고 드디어 도성의 서문 밖에 나가 영서역(迎曙驛: 지금의 서울 은평구 대조동과 불광동 사이)과 홍제원(弘濟院) 주변을 두루 살폈다. 그런데 인용문에서 보듯이 왕은 이날 행차에 그날 입직한 호위군관 한 명만 따라오게 하고, 홍양산[繖]과 큰 부채[扇] 등을 생략하게 했다. 경호와 권위를 상징하는 장치들을 제거하고 그야말로 단기필마로 백성들 속으로 들어간 것이다. 인상적인 것은 벼가 잘 자라지 못한 곳을 보면 반드시 "말을 멈추고 농부에게 그 까닭을 물었다"라는 말이다. 들판의 농부에게 다가가 무엇이 제일 아쉬우며, 어떤 것을 도와주면 좋겠는지 묻고 경청한 것이다.

세종이 백성을 찾아가 만난 기록은 많다. 재위 10년과 17년에 서교(西郊)에 나아가 농사짓는 것을 두루 돌아보고 밭일하는 농부들에게 음식을 내린 일(《세종실록》 10/4/16; 17/8/10)도 있다. 재위 15년에는 온양 부근에서 밭 가는 농민들에게 술과 음식을 하사하고(《세종실록》 15/4/13), 아산현에 사는 94세의 늙은 할머니가 마떡[薯] 한 동이를 올리자 그를 불러서 친히 음식을 대접하고 면포 두 필, 술 등을 하사(15/4/14)하기도 했다. 이처럼 왕이 백성들의 말을 경청하고 보살폈기에 세종의 행차는 늘 인기 있는 "관광(觀光)"거리였다. 흥인문부터 경복궁까지 "구경하는 자가 천과 만을 헤아렸다"(《세종실록》 23/5/5)라는 기록이 그것이다.

세종이 이처럼 백성들을 찾아가 만난 이유는 그의 말 그대로 "백성은 나라의 근본"이라고 믿었기 때문이다. 그는 이렇게 말했다. "백성은 나라의 근본이다. 정치의 목적은 백성을 기르는 데 있으니, 백성의 생활을 풍족하게 하여 나라의 근본을 튼튼히 하는 것이 나라 다스리는 급선무다"(《세종실록》12/윤12/9). 군주는 마땅히 나라의 근본인 백성들을 기르고[養民] 풍족하게 하는[厚民] 일을 해야 하는데, 그러기 위해서는 먼저 백성들을 찾아가 그들이 진정으로 바라는 게 무엇인지를 묻고 들어야 한다고 생각했다. 세종은 비록 못 배우고 어리석어 보일지라도 백성들에게 "배울 점이 분명 있다[能勝予]"고 믿었다. 그래서 조정 관리들이 잡인의 소란[粉擾]을 막는다며 백성들의 행행 구경을 차단해야 한다고 할 때, 백성에게 법을 알려주어서는 안 된다고 할 때 '나라의 근본인 백성의 목소리를 직접 듣고 그들의 억울한 사정을 풀어주는 게 정치하는 도리'라고 하여 반대했다.

우리는 대통령이 민정(民情)을 시찰하기 위해 시장에 가서 음식을 먹어보는 모습을 종종 본다. 사고 현장을 찾아가 피해자들을 위로하는 모습도 본다. 그런데 대통령이 기자들과 경호부대에 둘러싸인 채 지정된 몇 군데를 들르는 것으로 국민들의 속마음[民情]을 얼마나 깊이 알 수 있을까? 호위군관 한 명만 대동하고, 홍양산과 큰 부채를 치우게 한 뒤, 단기필마로 백성들 속으로 들어간 세종의 모습과 대조적이다. 무엇보다 왕이 현장에서 농부들에게 어려움을 물었던 것을 생각해야 한다. '담당자의 처벌 운운' 하지 않고, 그들의 고통을 분담하려는 세종의 '여민동고(與民同苦)' 리더십이 새삼 돋보이는 시절이다.

생생지락 生生之樂

즐거운 일터 만들기는 리더의 소명이다

"나라는 백성으로 근본을 삼고, 백성은 먹을 것으로 하늘을 삼는다. 농사짓는 일은 의식(衣食)의 근원으로서 왕의 정치에서 우선적으로 힘써야 할 것이다. 오직 그 일만은 백성 살리는 소명에 관계되는 까닭에, 천하 사람들이 지극한 노고를 마다치 않고 왕을 섬기는 것이다. 위에 있는 사람이 성심으로 지도하고 이끌지 않는다면, 어떻게 백성들로 하여금 부지런히 농사에 전념하면서 그 생업을 즐거워 할 수 있겠는가."

不有上之人誠心迪率 安能使民勤力趨本 以遂其生生之樂耶

• 《세종실록》 재위 26년 윤7월 25일

생생지락(生生之樂)이란 '생업을 즐겁게 만든다'는 뜻이다.

제시된 인용문은 세종이 지방의 수령들에게 농부들로 하여금 부지런히 농사지을 수 있도록 적극적으로 도우라고 당부하는 글이다. 북방 영토 개척 때도 세종은 '생생지락', 즉 모두가 꿈꾸는 좋은 나라를 이야기했다.

위의 문장은 크게 세 부분으로 이뤄져 있는데, 첫째는 농사짓는 것의 중요성이다. 나라는 백성으로 근본을 삼고, 백성은 먹을 것으로 하늘을 삼는다[國以民爲本 民以食爲天]는 이 말은 세종이 애용하는 문장인데, 한마디로 백성을 먹여 살리지 못하는 수령과 왕은 자격이 없다는 얘기다.

둘째는 천하 사람들이 지극한 노고를 하면서도 왕을 섬기는 것은 바로 농사를 지어 백성들을 입히고 먹이는 소명을 수행하고 있기 때문이라고 말한다. 첫 번째 문장에 이어서 민생(民生)을 해결하지 못하는 지도자는 섬김을 받을 자격이 없다고 말하고 있다.

셋째는 백성들로 하여금 부지런히 농사를 지을 수 있도록 수령 등 '위에 있는 사람들[有上之人]'이 성심으로 지도하고 이끌어야 한다[誠心迪率]는 것이다.

이 중에서 주목되는 것은 마지막의 '생생지락(生生之樂)'이라는 말이다. 생생지락은 원래 《서경(書經)》에 나오는 것으로, '너희 만

生生之樂

생생지락

즐거운 일터
만들기는
리더의 소명이다

세종말씀

민으로 하여금 생업에 종사하며 즐겁게 살아가게 만들지 않으면 내가 죽어서 꾸짖음을 들을 것이다'라는 반경(盤庚)의 말에서 유래했다. 상나라의 군주 반경은 "생업(生業)을 즐거워하고 일을 일으키면 그 삶이 풍요로워질 것[樂生興事 其生也厚]"이라면서 자신의 소명이 백성들의 낙생(樂生)에 있다고 말했다.

세종은《서경》의 이 구절을 좋아했다.《조선왕조실록》에서 '생생지락'이란 말을 가장 많이 언급한 왕이기도 하다(전체 16회 중 8회 언급).《세종실록》을 보면 세종은 수령을 지방에 내려보내면서 "백성들로 하여금 편히 살면서 직업에 재미를 가지게 하라[使百姓安居樂業]"고 말하곤 했다.

그는 '생생지락'을 유독 북방 영토 개척과도 관련해 자주 언급했다(6회). 새로 개척한 지역일수록 구성원들로 하여금 자기 일터를 즐겁게 여기게 하는 일이 제일 중요하다고 보았기 때문이다. 세종은 생생지락하는 공동체가 되려면 다음 세 가지 조건을 갖춰야 한다고 보았다.

첫째는 국경의 안정이다. 세종은 '나라의 울타리가 안정될 때 생생지락이 가능하다'고 하여 외적의 침입을 방지하는 일의 중요성을 강조했다.

둘째는 안정된 직업이다. 함경도에 나가 있는 김종서에게 세종은 여진족을 우리나라 사람으로 안착시키기 위해서는 무엇보다 '안심하고 생업에 종사할 수 있게 해주어야 한다[安心營業]'고 강조했다. 그곳에서 땅을 일구며 살거나 조선 사람으로 귀화하여 관직을 맡을 수 있게 하라고 말했다.

셋째는 부모와 친척을 자유롭게 만나보게 하는 것을 '생생지락'의 조건으로 꼽았다. 한마디로 나라가 평화롭고 직장이 안정되어 있으며 가족이 우애롭다면, 누군가 나라를 혼란스럽게 만들려 해도 꿈쩍하지 않을 것이라는 게 세종의 생각이었다.

세종은 특히 국가에서 부역을 일으켜서 농사 시기를 빼앗지 말라고 당부하곤 했다. 그러면 백성들은 저절로 "밭에 나가 힘써 농사지을 것이며, 우러러 어버이를 섬기고, 굽어 자녀를 길러서 나의 백성이 장수(長壽)하게 될 것이다. 그리하여 나라의 근본을 견고하게 한다면, 거의 집집마다 넉넉하고 사람마다 풍족하며 예의를 지켜 서로 겸양(謙讓)하는 풍속이 일어나서, 시대는 평화롭고 해마다 풍년이 들어 태평 시대의 즐거움을 함께 누릴 수 있을 것"이라고 했다.

수백 년의 시간을 훌쩍 뛰어넘어 오늘의 우리에게도 적용할 수 있는 세종의 이 정치 비전을, 각자의 일터에서 적용해보았으면 한다. "즐거운 일터 만들기는 리더의 소명"이라는 세종의 말이 '청년 실업(失業) 시대'라서 그런지 더욱 절절히 와 닿는다.

불가부진 不可不盡

하늘 탓하지 말고 할 수 있는 모든 것을 하라

"요사이 흉년으로 인해 비방받는 일이 많다. (…) 내 생각에, 하늘의 운수는 비록 이와 같더라도 사람의 일은 다하지 않을 수 없다. 만일 사람의 일이 조금도 결점이 없는데도 굶주려 죽은 사람의 숫자가 그대로라면, 그것은 하늘의 일이다. 하지만 만일 사람의 일이 혹시라도 미진함이 있다면 상과 벌이 없을 수 없다."

以爲天數雖如此 人事不可不盡. 若人事暫無虧欠 而人之飢死尙爾 則是天也. 人事或有未盡 則賞罰不可無也

• 《세종실록》 재위 19년 1월 22일

불가부진(不可不盡)이란 '다하지 않으면 안 된다'라는 뜻으로 '진인사대천명(盡人事待天命)'의 다른 표현이다. 백성들이 일터를 낙원으로 여기는 나라를 만들려는 비전은 저절로 이뤄지는 게 아니다. 지도자의 비상한 각오와 사람이 할 수 있는 모든 것을 다 하는 노력이 따라주어야 한다.

1437년(세종 19년)의 흉년은 실로 대단한 것이었다. 세종의 말대로, 그해의 "큰 흉년은 근고(近古)에 없었던 것"으로 경기도에서 스물세 명, 충청도에서 스물다섯 명이 굶어 죽었다. 이 때문에 인용문에서 나온 것처럼, 국가를 비방(誹謗)하는 사람들이 많았다. 세종은 그 지역의 관찰사가 제 역할을 다하지 않았던 것으로 간주하고 국문을 해서 벌을 주겠다고 강조했다. 세종은 이렇게 말했다.

"지난번에 이명덕이 강원 감사였을 때 굶어 죽은 자가 겨우 한두 사람이었으나 죄책을 면하지 못했다. 하물며 지금은 주려 죽은 사람이 경기도에서 스물세 명에 이르고 충청도에서 스물다섯 명에 이르니, 임금인 내가 근심이 없을 수가 있겠는가. 위에 말한 감사(監司)를 국문하고자 하는데 어떠한가."(《세종실록》 19/1/22)

여기서 인상적인 것은 "하늘의 운수는 비록 이와 같더라도 사람의 일은 다하지 않을 수 없다[天數雖如此 人事不可不盡]"라는 말이다. 흉년이 드는 것은 하늘의 운수라 할지라도 가뭄에 대한 대응, 즉 구휼식량의 배포조처(配布措處)는 사람의 일이며, 사람 하기에 따라 흉년의 피해를 최소화할 수 있다는 게 세종의 생각이었다. 사람이 할 수 있는 일은 최선을 다해야 한다는 것, 그래서 '할 수 있었는데 하지 않았다[不爲]'는 비난을 받아서는 안 된다는 것이다.

원래 '불위(不爲)'는 맹자의 말에서 비롯되었다. 맹자는 "왕께서 왕 노릇을 하지 못함은 하지 않는 것일지언정 불가능한 것은 아니다[王之不王 不爲也 非不能也]"라면서 정치가의 의지와 노력을 강조했다. "힘이 충분히 3,000근[百鈞]을 들 수 있되 깃털 하나를 들지 않는 것은 힘을 쓰지 않기 때문이며, 지금 은혜가 족히 금수(禽獸)에게까지 미치되 그 공효(功效)가 백성에게 이르지 않음은 왕이 그 은혜를 쓰지 않기 때문"이라는 것이다.

맹자는 이어서 "하지 않는 것[不爲者]과 불가능한 것[不能者]의 차이가 무어냐"는 제선왕의 물음에 대해 이렇게 대답했다.

"태산(太山)을 옆에 끼고 북해(北海)를 뛰어넘는 것에 대해 사람들에게 '나는 할 수 없다'라고 말한다면 이것은 진실로 불가능한 것이거니와, 어른[長者]의 말에 따라 나뭇가지를 꺾는 것은 불가능하다'고 말한다면 이것은 하지 않는 것일지언정 불가능한 것은 아닙니다. 왕께서 왕 노릇 하지 못하심은 태산을 끼고 북해를 뛰어넘는 종류가 아니라, 바로 나뭇가지를 꺾는 것과 같은 종류입니다."

다시 말해서 세종은 흉년 구제를 '불가능한 것'으로 간주하는 관찰사 등 여러 신하에게, 그것은 '하지 않는 것과 다름없다'고 역설한 것이다. 그런 맥락에서 세종은 "사람이 할 수 있는 일을 다하지 않으면 안 된다"라는 말을 자주 했다. 김포 현령 조안효를 임지로 내려보내면서 "천변(天變)은 비록 알지 못한다고 하나 사람의 할 일은 극진히 하지 않을 수 없으니[天變雖曰未知 人事不可不盡], 네가 그 고을에 가서 마땅히 농사를 권하는 임무에 힘쓸지어다"라고 당부했다. 또 제천 현감 이흥손 등을 임지로 보낼 때에도 "내가 후원(後苑)에 1무(畝=30평)의 밭을 경작하는데, 비록 가뭄을 당하여도 소출의 수량이 풍년에 뒤지지 않으니, 이것은 사람의 힘을 다한 까닭이다. 천변은 비록 알 수 없다 하더라도, 사람의 일은 다하지 않을 수가 없다"라고 강조했다.(《세종실록》 21/7/28)

인재를 발굴하고 교육하여 적재적소에 배치하는 것이야말로 '사람의 일' 중 가장 중요하고도 실행 가능한 것이다. 그 일을 하지 않으면서 할 수 없다고 말하는 리더가 있다면, 무책임한 사람이라 하겠다.

여민해락 與民偕樂

더불어 즐거워하는 리더가 되라

"백성은 나라의 근본이니, 근본이 튼튼해야만 나라가 편안하게 되는 것입니다. (…) 매년 한 도에 다만 한 개의 성만 쌓게 하여, 한 지방의 백성들로 하여금 번갈아 경영하게 한다면, (…) 백성들과 함께 즐거워하는 역사가 될 것입니다 (…) 하니, 그대로 따랐다."

民惟邦本 本固邦寧 (…) 每年一道 只築一城 使一方之衆更代經營 (…) 而無異於與民偕樂之役矣

• 《세종실록》 재위 13년 10월 13일

여민해락(與民偕樂)이란 '백성과 더불어 즐거워한다'는 뜻이다. 여기서 해(偕)는 '백년해로(百年偕老)한다' 할 때의 '함께'라는 의미다. 세종이 인재들의 마음을 움직인 비결은 나라의 선비들이 어려서부터 배우고 외운 것, 즉 그들의 신념을 구현하고 있음을 알게 한 것이었다. 민유방본(民惟邦本)과 여민(與民)이라는 말이 대표적이다.

세종 시대에 농업생산량이 고려 말에 비해 3배 이상 높아졌다는 것은 잘 알려져 있다(50만 결에서 170만 결로 증가). 전라도와 경상도 지역의 해안가와 섬 등의 황무지를 개척하여 경작 토지를 넓힌 덕분인데, 그 배경에는 농민들의 재산과 생명을 보호해주는 성(城)이 있었다.

제시된 인용문은 좌사간 김중곤이 성을 쌓을 때 너무 서두르지 말고 민심을 헤아려가며 진척시켜야 한다는 상소문의 일부다. 백성들도 물론 성을 쌓아야만 자신들이 안전해진다는 것을 알고 있다. 그러나 지방 수령들이 자기 업적을 위해 무리하게 일을 추진하다 보면, '백성들을 위해서[爲民]' 시작했던 일이 '백성들로부터 외면당하는[疏民]' 일로 전락하고 만다는 것이다.

김중곤은, 매년 한 도에서 한 개의 성만 쌓고 그 지방 사람들이 번갈아가며 관리하게 하자고 제안했다. 백성들이 자기 일터에서 생업에 종사할 시간을 빼앗지 말아야 한다는 뜻이다. 그러면

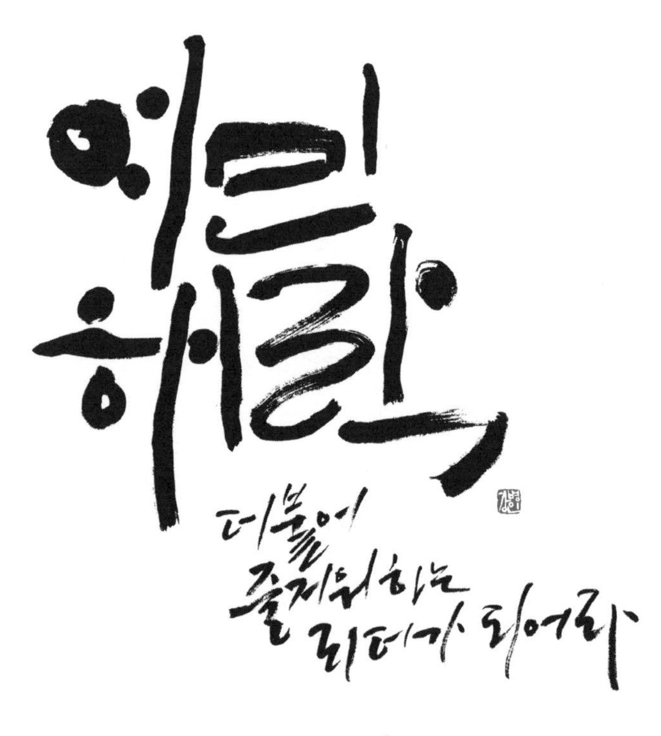
與民偕樂
더불어
즐거워하는
리더가 되어라
세종의 말씀

비록 수고로운 일이라 할지라도 백성들이 즐겁게 나라의 공사에 참여하게 될 것이며, 그때 비로소 백성의 삶의 기반이 튼튼해지고 나아가 나라도 편안해진다는 게 김중곤의 주장이다.

'여민해락'이란 말은 맹자가 양혜왕(梁惠王)에게 한 말에서 유래했다. 주나라 문왕이 휴식할 건물을 만들고 싶어 하자, 일반 백성이 너도나도 나서서 노력한 결과 하루가 못 가서 완성되었다. 백성들이 놀라며 그 건물을 신령한 건물이라 하여 '영대(靈臺)'라고 이름 붙였다. 또한 백성들은 문왕이 사슴과 물고기를 좋아한다는 말을 듣고 '영소(靈沼)'라는 연못을 만들어 그곳에 뛰놀게 했다.

맹자에 따르면, 백성들이 그렇게 수고로움을 마다치 않은[勞民] 것은 임금이 '백성들과 즐거움을 함께하기[與民偕樂]' 때문이었다. 후에 제선왕(齊宣王)이 맹자에게 "문왕의 동산은 사방으로 70리(里)나 되었는데 백성들이 오히려 작다고 여겼으나, 나는 겨우 40리밖에 안 되는데도 백성들이 불평한다"면서 그 이유를 물었다. 그러자 맹자는 "문왕의 동산에는 꼴 베고 나무하는 자들이 그리로 가서 했으며, 사냥하는 자들도 그리로 가서 꿩을 잡고 토끼를 잡았습니다. 이처럼 백성과 더불어 하셨으니 백성들이 작다고 여김이 당연하지 않습니까?[與民同之 民以爲小 不亦宜乎]"라고 대답했다.

백성이 나라의 근본이며, 기쁨과 슬픔을 그들과 함께 해야 한다는 것은 리더십의 기본이다. 모든 조직의 기초에는 백성으로 표현되는 대다수의 구성원들이 있으며, 그들의 마음과 몸이 움직일 때 성과도 나온다. 많은 지도자가 '백성을 위한다'는 구호는 외치되, 백성과 더불어 다스린다는 실천은 하지 않는다. 위민론이 결국 기민(欺民: 백성을 속임)론으로 변질한 역사적인 사례는 숱하게 많다.

백성과 더불어 나아간다는 것은, 무게중심을 백성 쪽으로 옮기는 것을 말한다. 이는 마치 2인3각 경주와도 같아서 나를 불편하게 하는 일도 있을 수 있지만, 지도자라면 이를 감내해야 한다. 무엇보다도 상대방을 배려하고, 달려갈 목표를 그들에게 친절히 알려주어야 한다. 리더에게 불편하고 고역스러울 수도 있는 이런 노력이 궁극적으로는 함께 성공할 수 있는 바른길이기 때문이다.

여민가의 與民可矣

더불어 일하는 리더가 성공한다

"일이 의심스러운가? 백성들과 더불어 하라. 그러면 해결될 것이다."

如其可疑 則與民可矣

• 《세종실록》 재위 12년 12월 20일

여민가의(與民可矣)란 '백성과 함께하면 할 수 있다'는 뜻이다.

앞의 여민해락이 국가경영의 목적이라면 여민가의는 그러한 목적에 도달하는 데 필요한 '과정' 또는 '마음가짐'을 가리킨다. 여민이라는 말은 영어로 'with the people'이라고 번역할 수 있는데, 이것은 링컨의 위민(爲民, for the people)론과 비교된다.

세종은 백성을 하늘이 맡겨준 존재[天民]라고 생각하고 그들과 더불어 나라를 다스리고자 했다. 재위 12년(1430년)에 경상도 관찰사가 '개간한 밭을 면세해주려 해도 새로 일군 땅을 구분해내기 쉽지 않다'면서, '그냥 일괄해서 기존의 경작지와 같은 세금을 매기자'는 보고를 올렸다. 이 보고를 받은 세종은 "어찌 구분해낼 수 없다는 말인가? 일이 의심스럽다면, 백성들과 더불어 하면 될 것[與民可矣]"이라고 하며, 개간지 면세 원칙을 고수했다.

세종이 이처럼 여민을 중시한 것은 위민론의 한계 때문이었다. 앞서도 말했듯이 처음에 백성을 위해 시작한 일이 오히려 백성을 해치는 일로 변질하는 경우가 많았다. 재위 말년의 사창(社倉) 제도 논란이 그 예다.

사창제도는 춘궁기에 곡식을 빌려주고 가을에 이자와 함께 받아들이는 빈민 구호제도로 송나라의 주희가 처음 주장했고, 세종 재위 18년에 충청 감사 정인지가 도입을 제안했다. 그러나 신숙주가 지적한 것처럼, "본래 백성을 위한 것이었지만[本欲爲民], 이

자를 거두는 과정에서 관리들의 횡포가 날로 늘어 민폐가 심각해지는" 문제점이 발생했다.(《세종실록》30/5/15)

위민(爲民)이 해민(害民)으로 변질하는 것을 막을 방법은 없을까? 세종은 백성들에게 중요한 정보와 지식을 주어서 스스로 판단하는 능력을 높여야 한다고 생각했다. 그런 관점에서 해시계를 만들어 종로 네거리에 내어놓고, 물시계를 제작해 전국의 표준시간을 반포했으며, 신하들의 반대에도 훈민정음을 창제해 문자(文字)라는 권력을 백성들에게 쥐여주었다.

여민은 맹자가 자주 쓴 용어이기도 하다. 맹자에 따르면 대장부(大丈夫)란 곧 '백성과 더불어 걷는 자'였다. "천하의 넓은 집[仁]에 살고, 천하의 바른 자리[禮]에 서며, 천하의 큰길[義]을 걷는다. 뜻을 얻으면 백성과 더불어 큰길[大道]을 걷고[與民由之] 얻지 못하면 홀로 그 도를 행하는 자, 그를 일컬어 대장부라 부른다"라고 했다. 대장부, 즉 멋진 리더는 기본적으로 홀로 고고한 곳에 처하거나 어두운 동굴에 숨는 존재가 아니다. 맹자에 따르면, 공동체 속으로 걸어 나와 구성원들과 더불어 걷는 자가 곧 훌륭한 리더다.

새로 일을 시작하려는 국가나 기업의 리더들이 가장 경계해야 할 점이라면, 의욕에 불타 홀로 계획을 세우고 밀어붙이려는 마음이다. 그보다는 세종이 했던 것처럼, 비록 자신을 반대했던 맞수라 할지라도 그들의 말을 경청하고, 무엇보다 사회 또는 조직의 구성원들과 더불어 비전을 세우고 공감하려는 자세를 보여야 한다. 그럴 때 비로소 일하는 재미도 따르고 성과도 좋아질 것이다.

지렴지산 知斂知散

버는 것 못지않게 잘 쓰는 일이 중요하다

"호조는 돈과 곡식의 출납을 맡았으니 절약할 곳을 살피는 것은 진실로 당연하다. 그러나 거두는 것만 알고 흩어서 쓸 줄을 모르며, 당연히 쓸 데에 쓸 줄을 모르는 것은 잘못이다."

戶曹掌錢穀之出納 省費節用 固其宜也. 然知斂而不知散 當用而不知用 亦非也

• 《세종실록》 재위 7년 10월 16일

지렴지산(知斂知散)이란 '거둬들이는 방법[斂]을 알고, 흩어서 쓰는 법[散]도 안다'는 뜻이다. 세종의 재정운영 원칙을 단적으로 보여주는 말이다. 세종은 국가재정을 튼튼히 하는 것을 중시했지만, 그렇다고 나라 곳간에 곡식을 쌓아놓고 백성들이 굶주리는 것을 모른 체하거나 나라의 제사 등 예법을 허술히 하는 것을 용납하지 않았다.

예나 지금이나 나라 살림 맡은 관리들은 백성으로부터 거둬들이는 세금을 최대한 늘려서 국가재정을 튼튼히 하는 것을 지상과제로 삼는다. 그것이 그들의 고유 책무이자 유능함을 보여주는 길이기 때문이다. 그 대표적인 인물이 세종 때의 유정현이다. 그는 "오랫동안 호조를 맡고 있으면서 출납하는 것이 지나치게 인색하다"는 평가를 받았다.

문제는 '세종 시대의 상홍양'이라는 사관의 평가처럼 그가 '거둬들이는 방법[斂]만 알고 흩어서 쓰는 법[散]을 모른다'는 데 있었다. '정숙(貞肅)'이란 시호(諡號)가 반영하듯이 그는 엄의과단(嚴毅果斷)하고[貞] 검약근신(儉約謹愼)한[肅] 사람이었다. "정치를 함에 가혹하고 급하여 용서함이 적었고, 집에서는 재물에 인색하고 재화를 늘리어 비록 자녀라 할지라도 일찍이 마되[斗升]의 곡식이라도 주지 않았다"는 사평(史評)이 있을 정도다(《세종실록》 8/5/15).

[상홍양(桑弘羊, BC 152~82)은 한나라 때의 소금과 철을 담당한 관리였는데, 국가에 돈을 내면 승진은 물론이고 사면까지 해주는 등 모든 것을 재정적 측면에서만 접근하여 여론의 지탄을 받았다.]

유정현은 개인적으로도 지나치게 인색하여 나쁜 평가를 받았다. "성질이 심히 인색하여 추호(秋毫)도 남을 도와주는 일이 없고, 동산[園]에 있는 과일도 모두 시장에 내다 팔아서 조그마한 이익까지 계산했다. 그는 휘하의 집사 중에서 장리(長利: 돈이나 곡식을 봄에 꾸어주고, 빌려준 것의 절반 이상을 가을에 받음) 준 돈을 다 받아들인 자에게 상을 주었으며, 심지어 역승(驛丞)의 임명까지 관여해 7만여 석이나 곡식을 쌓아둘 만큼의 부자가" 되었다는 기록이 있다(《세종실록》6/1/29).

세종정부의 또다른 나라 살림꾼으로 안순이 있다. 그는 유정현과 마찬가지로 "집에서도 열쇠를 부인에게 맡기지 않아서" 비난을 받았던 인물이다(《세종실록》7/10/21). 그러나 그는 함길도 감사 때 기근을 효과적으로 구제했다. 고을에 큰 기근이 들자 그는 가장 먼저 고을 읍내 수령의 청사 앞에 움집과 임시가옥을 짓고, 수령으로 하여금 직접 감독해 밥과 죽을 적당히 먹이게 했다. 소문을 듣고 몰려오는 이웃 고을의 기민들도 가리지 않고 구휼했다(《세종실록》19/2/6, 19/1/2). 한마디로 그는 '거둬들이는 방법[斂]만이 아니라 흩어서 쓰는 법[散]도 아는' 공직자였다(《세종실록》

22/11/28).

안순은 유정현에 이어 무려 11년 4개월간 호조판서로 재직했는데, 이 기간에 화폐통용 정책(《세종실록》 2/2/15; 7/5/9; 8/2/28), 공법으로의 세제 개혁(12/7/5), 수차(水車)와 양잠 장려 방안 등 농업 생산력 증진책을 마련했다(13/10/30). 이를 통해 세종 정부의 재정 확충에 크게 기여했다.

한 번은 낮은 공직자들의 점심값 지급을 놓고 세종과 안순이 대화를 나눈 적이 있는데, 그때 세종이 한 말이 흥미롭다. 재위 7년째인 1425년 10월에 세종은 호조판서 안순을 불러서 호조의 관리들이 '거두는 것만 알고 쓸 줄을 모른다'고 질책했다. 제시된 인용문이 바로 그것이다. 세종은 이 질책에 이어서 이렇게 말했다.

"요즈음 들리는 바에 의하면, 임진강의 도승(渡丞: 나루터를 관리하던 종9품의 낮은 벼슬)이 봉급을 계속 지급받지 못해 호조에 요청했지만, 받아들여지지 않아서 자비로 먹고 있다고 한다. 또 서울 안 각 관청[各司]에서도 온종일 사무를 보는데 사비(私費)로 점심을 먹는다고 한다. 이것이 어찌 임금이 신하를 대접하는 인사[人君待臣之禮]라 할 수 있겠는가?"(《세종실록》 7/10/21)

'일하는 사람의 점심값 아낄 생각 말라'는 이 말은, 낮고 힘없는 일꾼들의 식사비로 장난치지 말라는 것으로 세종의 세심한 마음을 담고 있다. 실제로 세종이 이야기한 '마땅히 돈을 써야 할 곳[當用]'을 보면 그런 마음씨를 읽을 수 있다. 세종은 일하는 사람들의 점심값, 백성을 구호하는 데 들어가는 비용, 가난해서 결혼을 못 하거나 장례를 못 치르는 가정의 지원, 잘한 일꾼 상주는 일, 기타 의(義)로써 당연히 해야 할 일 등에 대해서는 돈을 아끼지 말라고 지시했다.

나라 살림이 어렵거나 회사 사정이 빠듯하다고 군인들의 배식비용을 줄이거나 직원들의 점심값 또는 연말 보너스를 없애는 일은 '당연히 쓸 데에 쓸 줄을 모르는 잘못'이 아닐까?

취민유제 取民有制

세종 방식의 경제민주화

"정치 잘하는 것의 핵심은 백성을 사랑하는 데 있으며, 백성 사랑은 세금제도로부터 시작된다. (…) 공법(貢法)은 하(夏)나라의 책에 기재되어 있지만 (…) 그것이 여러 해의 중간을 비교하여 일정한 것을 삼음으로써 좋지 못했다고 한다. 공법을 사용하면서 이른바 좋지 못한 점을 고치려고 한다면, 그 방법은 어때야 하겠는가."

致治之要 莫先於愛民, 愛民之始 惟取民有制耳 (…) 貢法載於《夏書》(…) 但以其較數歲之中 以爲常 謂之不善. 用貢法而去 所謂不善 其道何由

• 《세종실록》 재위 9년 3월 16일

취민유제(取民有制)란 '백성에게 거두어들이는 것에는 일정한 제도가 있다'는 의미다. 세종이 재위 9년째인 1427년 3월에 과거시험 문제로 낸 것이다. '정치를 잘하려면 세금제도를 잘 만들어야 한다'는 세종의 이 말은 그동안 맹자를 비롯해 많은 유교 지식인들이 강조해왔다. 맹자는 '어떻게 하면 나라를 잘 다스릴 수 있겠습니까'라고 묻는 등문공에게 '취민유제, 즉 백성에게 거둘 때 일정한 제도 안에서, 너무 모자라지도 않고 반대로 지나치지도 않는 정도만큼만 걷어서, 국용(國用)에 적절히 배분하는 게 정치 잘하는 요체'라고 대답했다. 그 유명한 말, "어진 정치는 반드시 (토지의) 경계를 다스림으로부터 시작되니[仁政 必自經界始], 경계를 다스림이 바르지 못하면 토지구획이 균등하지 못하고 곡식으로 주는 봉록이 공평치 못하게 된다"는 말도 같은 맥락에서 나왔다(《맹자》 등문공 상1).

이 과거시험 문제에서 세종은 공법(貢法)이라는 새로운 세제를 제시하면서 젊은 인재들에게 그것의 성공적인 시행 방법을 묻고 있다. 하나라 책에 기록되어 있고(古典에 있고) 주나라에서 시행한(경험된) 좋은 제도인데 '중간치로 세금을 매기는 것'에 대해 안 좋게 보는 시각도 있다. 어떻게 하면 그것을 극복할 수 있겠는가 하는 물음이다. 결론적으로 세종은 이후 '17년간의 대토론'을 거쳐 1444년에 '전분6등 연분9등'이라는 조선 전기의 세제 기틀을 마련했다.

100여 년 뒤에 율곡 이이는 세종 시대에 들어 백성의 살림이 겨우 넉넉해지고 인구가 많아졌다"라고 평가했다. 그래서 "우리나라 만년의 운(運)이 세종에게서 처음 기틀이 잡혔다"라고 말하기도 했다. '백성을 풍족하게 하고, 국운 융성의 기틀을 세운' 세종의 치적은 그간 한글 창제나 영토 개척(사군육진) 등의 측면에서만 이야기되어왔다. 그러나 백성 입장에서 볼 때, 손꼽을 만한 세종의 업적은 단연 세금제도의 개혁이다. 백성의 삶에 직접 영향을 끼치는 세금제도를 공평하게 개혁하는 것이야말로 '정치 잘하는 요체'이기 때문이다.

세종이 '혁명보다 더 어렵다'는 세제 개혁을 성공한 사례는 뒤에서 살펴보기로 하고, 그가 말하는 '잘살게 하는 정치'는 이렇게 요약할 수 있지 않을까? 즉 직장인들은 조금씩 덜 일하고 레저 등 삶의 질을 높일 것이며, 남은 일을 청년 실업자들이 함께 하게 하는 것[咸與], 그리고 공평한 세제 개혁으로 서민들이 세금을 적게 내도록 만들어 융평(隆平)의 사회를 만드는 것이 그것이다. '함여융평(咸與隆平)', 즉 다 함께 힘을 모아 더 풍요로운 세상을 만드는 것이야말로 요즘 국가적으로 이슈가 되고 있는 '경제민주화'의 세종식 해법인 것이다.

이렇게 볼 때 더욱 중요하게 다가오는 것이 위에서 언급한 '취민유제(取民有制)'이다. 국가에서 백성에게 취하는[取民] 것은 비단 세금만이 아니니다. 오히려 더 중요한 것은 백성들의 시간이다. 세종은 "백성에게 때를 헤아려 일하게 해야 한다"라고 하여 '사민이시(使民以時)'를 여러 차례 강조했다. 이 말을 요즘 우리의 상황에 비춰본다면 그것은 '백성들의 일자리를 나누는 것'이 될 것이다. 일자리를 '창출'하는 것도 중요하지만, 일하는 시간을 '나누는 것', 그래서 청년들로 하여금 일터에서 신명나게 일하게 하는 제도를 만드는 것[有制], 이것이 바로 정치하는 분들이 해야 할 선무(先務)가 아닐까.

제도명비 制度明備

시스템으로 경영하라

"제도를 밝게 갖춰놓으시니, 그물[網]을 들면 그물눈[目]이 저절로 열렸습니다."

制度明備 綱擧目張

• 《세종실록》 재위 32년 2월 22일

제도명비(制度明備)란 '제도를 밝게 갖추어놓았다'는 뜻이다. 세종 사후 신하들이 평가한 '세종 치세 3대 비결'의 하나다. 세종이 사망한 1450년 2월의 실록 기사에는 그의 "재위 30여 년 동안 백성들이 전쟁을 겪지 않았고, 즐겁게 생업에 종사할 수 있었다"라고 평가했다. 그 비결로는 다음의 세 가지를 꼽았다. 첫째는 현능한 사람에게 일을 맡기고 시키는 인재경영, 둘째는 과거의 경험을 토대로 국사(國事)를 기획하는 지식경영, 셋째는 현능한 인재들이 과거 경험을 토대로 스스로 일하게 하는 제도의 정비, 즉 시스템경영이다.

세종이 정비한 제도는 정확히 말하면 하드웨어라기보다는 소프트웨어라 할 수 있다. 알려진 것처럼, 조선왕조의 통치구조는 태종 시대에 들어서 거의 갖추어졌다. "태조 시대의 정치는 강력한 왕권을 가진 태조와 그의 신임을 받은 조준·정도전 등 소수의 재신(宰臣)에 의해 이루어졌으나, 유교 정치의 기틀은 아직 확립되지 않은" 때였다. 이에 비해 태종 시대에 들어서 도평의사사 대신 의정부가 설치되고, 사병이 혁파되는 등 "정치 체제를 갖추어갔다"는 평가가 있다(이존희 2003, 2). 물론 세종 시대에 들어서도 도성 성곽을 다듬어 쌓는 일이 계속되었고(재위 4년), 지금의 창경궁 자리에 수강궁(壽康宮)이라는 상왕 태종의 거처를 짓기도 했다. 그러나 세종의 더 큰 관심은 그렇게 갖추어진 정치 체제의 운영 방식과 한양 도성에 사는 백성들의 생활양식에 있었다.

아무리 성공적으로 수술이 끝나 인체가 완벽히 복원되었다 하더라도 그 환자의 숨쉬기와 혈액순환이 제대로 되지 않으면 의사의 노력은 헛수고가 되고 만다. 국가 경영도 마찬가지다. 국가 체제와 사회가 구성원들의 자발적 참여와 지지 속에서 원활하게 돌아가게 해야 한다. 흔히 수성(守成)의 리더십이 창업(創業)의 리더십보다 어렵다고 말하는 것은 바로 이 때문이다. 그런 까닭에 세종은 오례의(五禮儀), 즉 국가의 다섯 가지 의례인 길례(吉禮)·흉례(凶禮)·군례(軍禮)·빈례(賓禮)·가례(嘉禮)를 정비하고, 해시계와 물시계 등을 만들어 백성들로 하여금 일상생활에서 시간을 활용하도록 하며, 싱크탱크 집현전을 설립해 국가 비전을 그리게 했다. 한마디로 신민들에게 나아갈 방향을 알려주고 스스로 그 길을 걸어가게 한 임금이 세종이었고, 그 때문에 후세 사람들은 세종 시대에 들어서 "예제(禮制)가 정비되었다"고 평가한다(이영춘 2001, 104~16).

그런데 국가 경영의 관점에서 볼 때 세종이 가장 잘 정비한 예제라면 역시 어전회라 할 수 있다. 어전회의 수준이 곧 국격(國格)의 수준이라고 본 세종은 과거 수백 수천 년 동안 계속되어온 어전회의의 본래 취지를 되살려 '상대적으로 뛰어난 사람들'로 하여금 창의적 토론을 벌이게 했다. 경연(經筵)회의의 정착이 대표적인 예다. 거기다가 군주는 '다 듣되 최종결정을 독자적으로 내리는' 회의 전통을 수립했다. '질(質)의 리더십'이 발휘될 수 있는 조건을 제도화한 것이다.

그런가 하면 세종은 다사리 회의 진행, 즉 회의 참석자 모두에게 다 말하게 하되[各陳], 그들로 하여금 마음속 이야기를 모두 말할 때까지[盡言] 기다리곤 했다. "내가 의논하라고 하는 것은, 서로 논박하면서[互相論駁], 각기 마음속에 쌓인 바를 전부 진술하게[各陳所蘊] 하기 위함"이라는 세종의 말이 그 예다(《세종실록》 18/10/11). 한마디로 세종은 보통 사람들까지 발언하게 하여 참여의식을 높이는 '양(量)의 팔로어십'을 이끌어냈다.

세종 사후에도 수백 년간 계속된 경연회의는 자질이 부족한 군주가 등장할 때라도, 상대적으로 뛰어난 사람들이 집단 지혜를 발휘해 국정을 이끌어가도록 한 시스템 경영의 산물이다.

독단위지 獨斷爲之

반대를 무릅쓰고 추진해야 할 일도 있다

"무릇 일이 의심나는 것은 여러 사람에게 의논하지마는, 의심이 없는 것은 독단으로 하는 것이다."

凡事之可疑者則 謀於衆 無可疑者則獨斷爲之

• 《세종실록》 재위 30년 7월 18일

독단위지(獨斷爲之)란 '홀로 판단하여 그것을 했다'는 뜻이다. 흔히 세종은 신하들의 말을 존중하여 잘 따르는 임금으로 알려져 있다. 그런데《세종실록》속 세종의 모습은 조금 다르다. 그는 신하들의 말을 존중했으나 그저 고분고분하기만 한 임금은 아니었다.

재위 중반, 세종은 대신과 장수와 재상들이 다 불가하다고 말했지만 파저강 토벌을 감행했다. 그리고 훈민정음 창제 역시 대다수 신하의 반대를 무릅쓰고 추진한 비밀 프로젝트였다. 이와 관련해 재위 후반에 세종은 이렇게 회고했다.

"내가 여러 가지 일에서 다수의 의논을 좇지 않고, 대의(大意)를 가지고 강행한 적이 자못 많다. 수령육기, 양계축성, 행수직(行守職)을 자급(資級)에 따르는 등의 일은 남들은 다 불가하다고 하는 것을 내가 홀로 여러 사람의 논의를 배제하고 행했다[予於庶事 不從衆議 斷以大義而强爲之者頗多. 守令六期 兩界築城 與行守循資等事 人皆以爲不可 予獨排衆議爲之]"(《세종실록》26/윤7/23). 다시 말해서 공무원 장기근무제(수령육기제 개혁), 북방 영토경영(양계축성), 관료제의 탄력 운영[階高職卑行, 階卑職高守: 행수법]은 세종 스스로 밝힌 '독단결정'의 예다.

《세종실록》을 보면 세종의 의사결정 방식은 크게 세 가지로 나온다.

첫째는 만장일치[僉曰可=皆曰可=同然一辭]다. 군사에 관계된 사안과 사형집행 여부와 관련해서는 회의 참석자 중 누구라도 제기한 문제가 해소된 다음에야 결정했다.

둘째는 다수결[從多之規]이다. 세종은 고을을 합친 후 그 대표 이름을 결정할 때와 세제 개혁을 추진하는 과정에서는 다수결 방식을 택했다. "여러 사람이 말한 것을 참작해서 많은 것으로 따르면, 비록 맞지 않는다 하더라도 또한 크게 틀리지는 않을 것[雖或不中, 亦不大相遠]"이라는 판단에서 다수결을 택한 것이다.

셋째는 독단결정[獨斷爲之]이다. 관료제 개혁, 영토 개척, 한글 창제 등 기득권 세력의 반대로 그 결정이 무산될 것으로 예상될 경우 세종은 제시된 인용문과 같이 "의심이 없는 것은 독단으로 하는 것[獨斷爲之]"이라며 반대를 무릅쓰고 결정하고 추진했다.

정리해보면 다음과 같다. 세종은 그 결정이 돌이킬 수 없는 결과를 초래할 때 '만장일치'라는 방법을 통해 신중을 기하고자 했으며, 고을의 이름 등 명예와 자존심이 걸린 문제나 구성원들의 지지와 자발적 참여가 필요한 경우에는 '다수결'의 방법을 취했다. 그리고 공동체를 위해 꼭 필요하지만 회의 참석자의 이해관계로 그 과업이 좌초될 위험이 예상되는 경우에는 미리 충분히 묻고 다수의 지혜를 얻되 최종적으로는 반대를 무릅쓰고라도 왕 스스로 결단을 내려 추진했다.

이기불이 理旣不二

자연의 원리를 거스르지 말라

"이제 정음(正音) 지으신 것은 애초에 꾀로 일삼고 힘으로 찾아 낸 것이 아니라, 다만 그 목소리에 따라 그 이치를 다했을 뿐이다. 이치가 이미 둘이 아닌즉 어찌 천지귀신으로 더불어 그 작용을 같이하지 않을 수 있겠는가."

今正音之作 初非智營而力索 但因其聲音而極其理而已 理旣不二 則何得不與天地鬼神同其用也

• **《훈민정음 해례본》 제자해**

이기불이(理旣不二)란 "이치가 이미 둘이 아니다"라는 뜻이다. 그 이치에서 하늘과 땅, 그리고 인간의 목소리가 처음부터 한가지라는 이 말은 한글 창제철학을 압축적으로 보여준다.

이 글을 쓴 정인지 등은 두 가지를 말하고 있다. 그 하나는 인간의 성품[性]과 천지자연의 원리[理], 즉 성리학 원리에 따라 한글이 만들어졌다는 주장이다. 당시 최만리를 비롯한 대다수 유교 지식인을 의식한 말이었다. 그리고 다른 하나는 우주원리, 즉 음양오행의 원리에 따라 한글이 만들어졌다는 자부심이다. 제시된 인용문 바로 앞에 있는 "하늘과 땅의 이치는 음양(陰陽)과 오행(五行)일 뿐[天地之道 一陰陽伍行而已]"이라는 말이 이를 보여준다. 한마디로 '한글은 세계 최고의 문자'라는 이야기인데—꾀로 일삼고 힘으로 찾아낸 억지 문자가 아니다—그것을 정당화하는 논법이 흥미롭다(이어령 선생님은 이 점에서 한글은 세계에서 유일무이한 '우주문자'라고 말한다).

그에 앞서 이 글이 실린 《훈민정음 해례본》은 어떤 책인지를 살펴보자. 우선 '훈민정음'에는 두 가지 의미가 있다. 한글이라는 새로운 문자 체계를 가리키기도 하고, 그 문자 체계의 창제 목적 및 사용법을 정리해놓은 책을 뜻하기도 한다. 이 중에서 후자, 즉 《훈민정음》이라는 책은 세종의 지시로 착수되어 1446년(세종 28년) 9월 상한(上澣: 한 달 가운데 1일에서 10일까지의 동안)에 완성되었는데, 책 제목이 새로운 문자 체계와 똑같은 '훈민정음'이었다. 그 내용을 보면 세종께서 직접 지으신[世宗御製] '서문'과 새로운 문자 체계의 음가(音價) 및 운용법(運用法)을 밝힌 '예의편(例義編)'이 본문처럼 되어 있고, 새로운 문자 체계를 해설한 '해례편(解例編)'이 제자해(制字解), 초성해(初聲解), 중성해(中聲解), 종성해(終聲解), 합자해(合字解), 용자례(用字例)의 순으로 나뉘어 기술되고 있다. 그리고 권말에 정인지의 서문이 덧붙여져 있다[《원문 훈민정음》으로 불리는 이 책은 한자로 쓰였으며, 나중에(세종 말~세조 초) 이 책의 예의편만을 국역한《언해 훈민정음》이 등장했다].

그러면 정인지 등은 어떤 식으로 한글을 최고의 문자라고 정당화했을까?

첫째, 우주를 관통하는 하나의 원리가 있는데, 이를 음양오행이라고 말한다. "하늘과 땅의 이치는 하나의 음양과 오행일 뿐"이라는, 당시 사람들 누구나 당연시하는 대전제를 끌어들여 논리 전개의 출발점으로 삼고 있다.

정인지 등은 이어서《주역》의 지식을 들어 태극과 음양의 원리를 설명한다. '대체 그 음양오행이란 게 뭐냐?'라는 물음에 대답이라도 하듯이 정인지 등은 "곤괘(坤卦)와 복괘(復卦) 사이가 태극이 되고, 움직이고 멈춘 이후에야 음양이 생긴다[坤復之間爲太極而動靜之後爲陰陽]"고 말하고 있다. 이 문장은 매우 난해하여 약간

이기불이

자연의 원리를 거스르지 말라

세종말씀

의 설명이 필요하지만, 간단히 말하면 가장 음(陰)이 강한 곤괘(10월)를 지나 양(陽)이 처음 시작되는 복괘(11월) 사이가 태극[즉 무극(無極)]이라는 것, 여기 무극점에서 최초 움직임과 멈춤[動靜]이 있은 연후에 비로소 음과 양이 존재하게 된다는 성리학의 우주론이다.

[주역 64괘 중 음양의 소장(消長)과 관련되는 12괘는 해당 월의 기준이 된다. 음력 동짓달(11월)을 의미하는 복괘에서 양이 비로소 처음 생겨나 점차 성장하여 → 건(乾·음4월)괘에 이르면 양이 극성해지고 → 양이 극성해지면 다시 음이 밑에서 생겨나 구(姤·음5월)괘에서 점차 성장하여 곤(坤·음10월)괘에 이르면 음이 극성해지는 순환적 의미를 갖고 있다.]

둘째, 이렇게 해서 하늘과 땅의 원리가 되는 태극과 음양을 설명한 다음, 정인지 등은 이 세상의 어떤 것도 음양을 벗어나 존재할 수 없다는 논리로 나아간다. "무릇 생명을 지닌 무리로서 하늘과 땅 사이에 있는 것, 이 음양을 두고 어디로 가랴[凡有生類在天地之間者 捨陰陽而何之]"라고 말한다. 이 논리의 귀결로 생명 있는 무리 중 하나인 사람, 그리고 사람의 목소리 역시 음양의 이치를 담을 수밖에 없다[故人之聲音 皆有陰陽之理]고 주장한다. 이치가 이러한 데도 사람들이 엉뚱한 곳에서 억지로 꾀로 일삼고 힘으로 찾는 것은 어리석다고까지 말한다. 여기까지 오면 그다음부터는 논리적으로 어렵지 않게 이어진다.

셋째, 한글이 천지음양의 이치를 담고 있는 사람의 목소리에 따라 만들어진 것이며[因其聲音而極其理], 따라서 하늘과 땅과 귀신들도 다 함께 호응할 정도로 한글의 작용은 자연스럽다[天地鬼神同其用]는 주장으로 나아간다. 왜냐하면 하늘과 땅과 사람 목소리와 심지어 귀신까지도 처음부터 하나의 이치에 따라[理旣不二] 움직이기 때문이다.

정인지 등의 논리는 최종적으로 다음과 같이 귀결된다. "정음 28자는 천지음양의 원리의 이치를 담고 있는 그 목소리 나는 곳의 형상을 본떠서 만들었다[正音二十八字 各象其形而制之]."

이상의 논리 전개에서 일관되게 나타나는 말은 '음양오행'이라는 철학 용어다. '우주→천지 사이의 생명 있는 존재들→인간(의 음성구조)'을 관통하는 하나의 이치인 음양오행에 따라 훈민정음이 제작되었다는 이 삼단논법이 당시의 지식인들을 설득시킨 이론적 무기였다.

상형제지 象形制之

친숙한 것에서 새로운 것을 만들라

"정음 28**자는** (천지음양의 원리의 이치를 담고 있는 그 목소리 나는 곳의) **형상을 본떠서 만들었습니다."**

正音二十八字 各象其形而制之

• **《훈민정음 해례본》 제자해**

상형제지(象形制之)란 '형상을 본떠서[象] 만들었다[制]'는 뜻이다. 이 말은 한글 창제의 디자인 요소를 가장 직접적으로 표현한 것이다. 한글 28개의 글자를 음성구조 각각의 형상을 본떠서 만들었다는 것인데, '본뜨다'는 뜻의 상(象)을 주목할 필요가 있다. 상은 "글자는 고전(古篆)을 모방했다[字倣古篆]"고 할 때의 모방[倣], 즉 형태나 글씨 쓰는 법의 원리를 배워오는 것과는 다르다. "그 형태를 본뜬다[象形]"는 것은 소리 낼 때 음성구조의 모양과 상호작용을 포착해내는 것을 말한다. (디자인 용어인 mock up을 연상시킨다.)

예컨대 혀뿌리가 목구멍을 막는 모양[象舌根閉喉之形]을 본뜬 어금닛소리 ㄱ, 혀가 윗잇몸에 닿는 모양을 본뜬[象舌附上齶之形] 혓소리 ㄴ, 입 모양을 본뜬[象口形] 입술소리 ㅁ, 치아의 모양을 본뜬[象齒形] 잇소리 ㅅ, 목구멍 모양을 본뜬[象喉形] 목구멍소리 ㅇ 등이 그렇다.

정인지 등은 자음 외에 모음도 그 형상을 본떠 만들었다고 말한다. "아래아(ㆍ) 자는 혀를 오그라지게 해서 소리 내고 그 소리는 깊으니 (…) 그 모양이 둥근 것은 하늘을 본뜬 것이며, 으(ㅡ) 자는 혀를 조금 오그라지게 해서 소리 내고 그 소리는 깊지도 얕지도 않으니 (…) 그 모양의 평평함은 땅을 본뜬 것이며, 이(ㅣ) 자는 혀를 오그라들지 않게 해서 소리 내고 그 소리는 얕으니 (…)

그 모양이 서 있는 것은 사람을 본뜬 것"이라고 설명한다. 여기서 주목할 것은 사람의 주체적이고 능동적인 역할이다. 정인지 등은 한글의 용례가 "늘 사람(ㅣ)을 기다려서 이루어진다"(강신항 1974, 27쪽)라고 하여 사람이 비록 천지자연의 한 부분이지만, 그것을 이끌어갈 주체임을 자주 강조했다.

이런 방식으로 음성 구조의 특징적 모양을 포착해낸 결과 한글은 혀·이·목구멍·입술 등과 같은 구체적인 실물 모습은 물론이고, 하늘·땅·사람의 무형적 특징을 포착하여 담아낼 수 있었다. 이것은 좋은 디자인의 조건인 법고창신(法古創新), 즉 익숙한 것에서 새로운 것을 만들어내 사용자를 감동시키는 정신을 보여주는 사례라 할 수 있다.

"정음은 자연의 원리에 따라 이뤄졌다[成於自然]"라는 말도 같은 맥락이다. 여기의 자연은 하늘과 땅과 사람까지도 포함하는 말로 '하나의 이치'에 따라 합쳐지고 흩어지며, 사람의 꾀와 힘으로 해결할 수 없는 그 너머의 존재다. 세종은 이처럼 자연을 외경하면서도, 동시에 자연의 원리를 탐구하고 도전하는 자세를 보였다. "내가 후원(後苑)에 1무(畝=30평)의 밭을 경작하는데, 비록 가뭄을 당하여도 소출이 풍년에 뒤지지 않으니, 이것은 사람의 힘을 다한 까닭이다. 천변(天變)은 비록 알 수 없다 하더라도, 사람의 일은 다하지 않을 수가 없다[天變雖曰未知 人事不可不盡]"《세종실록》21/7/28)라는 말이 그것이다. 이처럼 자연 그 자체는 인간이 어찌할 수 없을 만큼 크고 두려운 것이지만, 사람으로서 할 수 있는 일은 다해야 한다는 투철한 책임의식을 세종은 갖고 있었다.

한글은 이러한 이치와 정신에 따라 디자인되었다. 그 결과 "글자는 비록 간단하고 요약 가능하지만 그 전환하는 것이 무궁한" 장점을 갖게 되었다. 글자가 간단하고도 요약될 수 있었던 것[字雖簡要]은 자연의 이치를 담아 만들어졌기 때문이다. 무한하게 전환할 수 있는 것[轉換無窮]은 '하나의 이치'에서 나와 흩어져 만물이 되고, 그것이 다시 합하여 하나의 이치로 귀결되기 때문이다[理一分殊]. 자연의 원리를 깊이 깨달아서 사물을 디자인했기 때문에 하늘과 땅 사이에 사는 모든 존재의 소리["바람소리, 학 울음소리, 닭소리, 개 짖는 소리"]를 표현할 수 있게 되었고, 미학적으로도 가장 아름다운 글자가 되었다.

그뿐 아니라 한글은 초서체 등 유교 지식인들만이 전용할 수 있는 한문과 달리 일반 백성 누구나 쉽게 배우고 쓸 수 있게 되었다. '낫 놓고 기역 자도 모른다'는 말이 있듯이, 낫을 볼 수 있는 사람이라면 누구나 기역 자를 금방 알아 볼 수 있을 정도로 한글은 쉬운 글자인 것이다. 친숙한 것에서 새로운 것을 발견하여 창조해내는 '상형제지'의 디자인 철학이 가진 힘이다.

자수간요 字雖簡要

간결함이 강하다

"이달에 임금이 친히 언문(諺文) 28자(字)를 지었는데 [···] 무릇 한자[文字]와 우리말[俚語] 모두를 쓸 수 있다. 글자는 비록 간단하고 요약 가능하지만 전환하는 것이 무궁하다. 이를 일컬어 훈민정음(訓民正音)이라고 했다."

是月, 上親制諺文二十八字 [···] 凡于文字及本國俚語 皆可得而書, 字雖簡要 轉換無窮, 是謂 訓民正音

• 《세종실록》 재위 25년 12월 30일

자수간요(字雖簡要)란 '글자는 비록 간단하고 요약 가능하지만' 이란 의미다. 이 말은 뒤의 '전환무궁(轉換無窮)'과 연결되어서 한글의 특징을 단적으로 보여준다. 글자의 모양이 간단하고 숫자가 몇 글자 안 되어서 누구라도 쉽게 배울 수 있는데도, 그것을 전환하여 사용할 수 있는 범위는 무궁하다는 의미다. 한글의 장점을 증폭해서 말해주고 있다.

이러한 한글의 특징에 대해서 샘슨(G. Sampson) 같은 현대 언어학자는 '자질(字質, featural) 문자'라고, 즉 기본 글자에다가 획을 더해서 음성학적으로 동일 계열의 문자를 파생시킨 특징을 가진다고 말한다(G. Sampson 1985, 120~121쪽). 이어령 선생님 역시 이 점에 주목하여, 기본 글자의 상하좌우로의 운동으로(모멘텀) 모든 글자를 만들 수 있는 것이 한글의 큰 장점이라고 했다. 즉 'ㅗ'를 뒤집으면 'ㅜ'가 되고, 'ㅏ'를 돌리면 'ㅓ'가 되는 현상이 그것이다.

여기서 주목할 점은 '전환무궁'이라는 기능보다는 '자수간요' 라는 그 구조다. 누구나 전환무궁한 문자나 조직을 만들고 싶어하지만 '자수번다(繁多)'하다면 곤란한 일이다. 더군다나 '자수번다'하나 '전환불가'라면 최악일 것이다. 현대의 기업은 대체로 두 번째에 가깝고(자수번다 전환무궁), 관료제는 마지막 세 번째인 경우(자수번다 전환불가)가 많다. 따라서 '자수간요'의 조건을 갖추는

字數簡要

것은 무엇보다 중요한 일인데, 세종은 어떻게 그런 문자를 만들 수 있었을까? 그 비밀과 관련하여 훈민정음 창제자들은 다음 네 가지를 말하고 있다.

첫째, 세종은 "사람들로 하여금 쉽게 익혀 나날이 쓰기 편하도록" 하겠다는 '인인이습(人人易習)'의 취지로 한글을 만들었다. 둘째, 이를 위해서 인간의 음성구조, 즉 "천지의 이치인 음양오행"을 담고 있는 "성음(聲音)" 구조의 움직임을 포착해서 자음을 만들었다. 셋째, 하늘[天]·땅[地]·사람[人]이라는 보편 현상을 모방해서 모음을 만들었다. 넷째, 무엇보다도 자음과 모음의 상호관계 및 작용이 유기적으로 연결되어 있었기 때문에 전환하여 사용할 수 있는 범위, 즉 응용 범위가 무궁해졌다. 다시 말해서, 친근하고 보편적인 원리에 입각한 유기적 연결 가능성이야말로 '전환무궁'의 비밀이다.

세종 시대의 많은 성과, 과학기술과 제도들 역시 '간요하나 전환이 무궁하다'는 특징이 있다. 예컨대 해시계는 그 디자인과 원리는 '간단하고 요약 가능하면서도' 쓰임새가 많았다. 즉 해 그림자만 포착하면 그날의 시간은 물론이고, 계절과 방위 등을 한꺼번에 파악할 수 있다. 집현전 역시 '젊은 문관 중에서 고전에 해박하고 바른말을 잘하는' 인재들을 뽑아 집단 지혜를 발휘하게 한 결과, 경연 주관 및 국책사업 기획, 각종 아이디어 제공 등 다양한 기능을 발휘했다.

흥미롭게도 '자수간요'의 정신은 현대의 스티브 잡스 디자인 철학에서도 발견할 수 있다. 월터 아이작슨이 쓴 《스티브 잡스》라는 평전의 12장 '디자인-진정한 예술가는 단순화에 목숨 건다'를 보면, 스티브 잡스가 "단순하고 깔끔한 모더니즘을 대중에게 선사"하기 위해 얼마나 집요한 노력을 기울였는지를 잘 알 수 있다. 즉 잡스는 바우하우스의 미감(美感)과 포르쉐 자동차가 보여준 디자인 정신, 즉 "사람들의 취향을 따라가지 않고 오히려 그것을 확장하는" 정신(211, 215쪽)을 숭배하다시피 했다.

최근에 나온 켄 시걸의 《미친 듯이 심플(Insanely Simple)》(2014) 역시 같은 맥락이다. 시걸은 잡스의 '심플 철학'을 소개하면서 많은 대기업이 하는 것처럼 "복잡하게 만들어서 일하게 하는 것은" 오히려 훨씬 쉽지만, 조직과 제품을 '간요하게' 만들고 지속시키는 것은 "거의 불가능에 가까운 노력과 의지가 필요하다"라고 말한다.

간결함에서 강하면서도 아름다운 힘이 나온다는 세종의 디자인 철학이 지금 조직 운영에서도 새롭게 주목되고 있다.

世宗의
迪率力

0
2

업무 효율을 높이려면

임사이구 臨事而懼

두려운 마음으로 일을 성사시켜라

"옛사람은 큰일을 당할 적에, 반드시 일에 임해서는 두려워하되 지모를 내어 성사시키라 했다. 일에 임해서 두려워한다는 것은 두려울 것이 없지 않다는 것을 말함이요, 지모를 내어 성사시킨다는 것은 두려워하기만 할 것이 아니라는 것을 말함이다."

古人當大事 必云 臨事而懼 好謀而成 臨事而懼 謂不可無畏也 好謀而成 謂不可徒畏也

• 《세종실록》 재위 31년 9월 2일

임사이구(臨事而懼)란 '일에 이르러서 두려운 마음이 있어야 한다'는 뜻으로 '호모이성(好謀而成)'과 대구가 된다. 호모이성이란 지혜로운 말 듣기를 좋아하여 지모(智謀)를 내어서 마침내 일을 성사시킨다는 뜻이다.

1449년(세종 31년) 무렵 중원 대륙은 또다시 혼란에 휩싸였다. 통역관 이유덕이 요동에서 긴급히 보고한 바에 따르면, 그해 7월 20일 경에 몽골족의 야선(也先)이 이끄는 군대가 만리장성을 넘어 요녕성 광녕(廣寧)까지 쳐들어갔다고 한다. 그 결과 광녕에서 요동까지 역참을 지나는 길[站路]마다 사람과 말을 빼앗기는 등 노략질을 당했으며, 명나라 정통황제(영종) 역시 군대 7만을 이끌고 친히 몽골족을 정벌하러 나섰다는 것이다.

긴급 보고를 접한 세종은 즉시 요동 지역에 사람을 급파해 사변을 정찰(偵察)하게 하는 한편, 평안도와 함경도에 대장(大將)을 별도로 보내 대비케 했다. 이 보고를 들은 다음 날 세종은 "국가의 대사로 이보다 더 큰 것이 없다"면서 전국에서 동원할 수 있는 군사 수를 조사케 했다. 그 결과 총 13만 1,704명이 현역군으로 파악되었고, 추가로 2만 6,030명을 동원할 수 있는 것으로 나타났다. 이처럼 외환(外患) 소식과 군대 징집 문제로 "중외(中外)가 소연(騷然)"해지자 세종은 "너무 두려워하여 소요스러울 것도 없고, 또한 두려워하지 않아서 방비를 잊어서도 안 된다"면서 제

두려운 마음으로 일을 성사시켜라

세종말씀

시된 인용문과 같이 말했다.

원래 "일에 임해서는 두려워하고 지모를 내어 성사시켜야 한다"는 말은 공자가 제자 자로(子路)에게 한 말이다. 즉 공자는 "삼군(三軍)을 통솔하신다면 누구와 함께 하시겠습니까?"라고 묻는 자로에게 "나는 맨손으로 범을 잡으려 하고 맨몸으로 강(江)을 건너려다가 죽어도 후회함이 없는 자와는 함께하지 않을 것[暴虎馮河 死而無悔者 吳不與也]"이라면서, 신중한 처신을 주문했다. 그런데 여기서 주목되는 것은 공자가 단순히 '일에 임해서 두려워하는 것'만을 말한 것이 아니라 '일을 도모해 성공하는 것'을 강조했다는 점이다. 자기 혼자만이 잘할 수 있다고 고집하지 않되, 기왕 일을 하려거든 지혜를 모아서 꼭 성사시켜야 한다고 말한 것이다.

세종 역시 일에 임해서 '두려워하는 마음'을 갖되, '두려워만 할 게 아니라 일을 성사시키는 것'이 중요하다고 역설했다. 세종은 그 잘못한 예로 중국 동진(東晉)의 장수 맹창(孟昶)과 고려의 공민왕을 들었다. 맹창은 남쪽 지방의 작은 도적이 쳐들어왔을 때 두려워 자살하려고 했다. 그러자 부관 유유(劉裕)가 싸움에 패한 뒤에 죽어도 늦지 않다고 말렸다. 하지만 끝내 그는 자결하고 말았고, 뒤에 유유는 도적을 소탕해서 나라를 보전했다. 반면 공민왕은 홍건적이 쳐들어온다는 소식을 듣고도 대비하지 않다가

몸만 겨우 빠져나오는 수치를 당했다.

세종에 따르면 "맹창은 너무 두려워하다가 잃은 사람[失於過畏者]이고, 공민왕은 두려워하지 않다가 잃은 사람[失於不畏者]"이었다. 따라서 세종은 "지금 광녕의 소식을 처음 듣고 사람들이 모두 소동하고 있지만, 내 마음이 한편으로는 두렵기도 하고 한편으로는 무서워할 것이 없다"라면서 "이 두 가지를 요량하여 알맞게 처리하라"라고 지시하고 있다. 두려운 마음을 갖되 함께 지모를 내어 성공적으로 위기를 극복해 나가자는 세종의 중용 리더십이 인상적이다.

사자지익 師資之益

돌아보면 스승 아닌 사람이 없다

"성균관의 사예(司藝) **최수**(崔脩)**가 나이 70이 되어 금월 17일에 이조[銓曹]에 사표를 냈습니다.** (…) **성균관[太學]은 현관**(賢關)**이어서 본래 노성하고 문아**(文雅)**한 선비에게 적임이온데, 한갓 정년퇴직의 예로 신 등의 사자**(師資)**의 도움을 빼앗는다면 실로 실망할 것입니다."**

以爲太學 賢關, 本宜老成文雅之儒 徒以致仕之例 儻奪臣等師資之益 則實有缺望

• 《세종실록》 재위 29년 12월 18일

사자지익(師資之益)은 '사자(師資), 즉 선한 사람은 불선한 사람의 스승[師]이 되고, 불선한 사람은 선한 사람의 바탕[資]이 된다'는 노자의 말에서 비롯된 말이다(〈후한서〉 유림열전 上). 선한 사람이든 그렇지 않은 사람이든 모두 대하는 사람의 마음가짐에 따라서 배울 점이 있다는 의미다.

제시된 인용문은 세종 때 성균관에서 음악을 가르치던 정4품의 관리[司藝] 최수가 나이 일흔이 되어 정년 사직서를 내자 제자 140명이 글을 올려 계속 벼슬에 있게 해달라고 요청한 내용이다. 최수는 세종 9년(1427년)에 과거에 합격한 후 주로 사간원에서 근무한 사람으로, 양녕대군을 탄핵하거나 세종의 호불(護佛) 조치에 반대하는 등 비판적인 언관으로 활약했다. 성균관 유생들은 스승 최수가 "공경하고 두려워하는 마음을 갖고, 절조를 지키고 청렴결백한 데다, 학문이 정박(精博)하고 위의(威儀)가 단아하여 진실로 사표(師表)의 직임에 적합"하다고 말했다.

익숙지 않은 용어인 '사자'라는 말은 세종 때 편찬된 《치평요람》에도 나온다. 한나라의 염범(廉范)이란 사람은 자기의 스승 설한과 자기를 발탁해 등용한 등융(鄧融)이란 사람이 곤경에 처했을 때 목숨을 걸고 은혜를 갚았다.

먼저 등융이 어떤 일에 연루되어 조사를 받게 되자, 염범은 병을 핑계로 사직했다. 사직 후 그는 낙양에 이르러 이름과 성을 바꾸고 감옥의 옥졸(獄卒)이 되었는데, 얼마 안 있어 상관이었던 등융이 그곳에 하옥되었다. 염범은 등융을 좌우에서 지키고 정성을 다해 섬겼다. 하루는 등융이 "당신은 혹시 옛날 내 밑에 있던 염범 아니냐"라고 물었다. 염범은 '당신이 고문과 투옥으로 혼미해진 탓'이라고 꾸짖고 알은 체를 하지 않았다. 등융이 병보석으로 풀려나자 염범은 다시 따라가서 그가 죽을 때까지 보살폈다. 그러면서도 끝내 자신을 밝히지 않았다고 한다.

다음으로, 스승 설한이 어떤 일에 연루되어 주살(誅殺, 죄를 물어 죽임) 당했을 때의 일이다. 죄인으로 죽은 설한의 시신을 그의 친구나 제자들이 모두 외면했지만, 염범은 홀로 찾아가서 시신을 거두었다. 그 소식을 들은 한나라 황제가 염범을 당장 압송해 오게 했다. "다른 나라 왕과 공모하여 천하를 어지럽힌 그 죄인을 거둔 까닭이 무어냐"라고 국문하는 황제에게 염범은 "신의 스승이 죄를 지어 주살당했다 해도, 결코 사자지정(師資之情)을 저버릴 수는 없습니다. 저를 연좌시켜 처벌해주십시오"라고 말했다. 그의 솔직하고 당당한 태도에 감동한 황제는 그를 용서해주었고, 곧 벼슬에도 천거되었다.

세종은 '사람의 마음을 흥기시킬 만한 아름다운 행실' 110가지를 선별해《삼강행실도》를 편찬했고, 이를 통해 온 나라 백성이 "입으로 외우고 마음으로 생각하게" 했다. 선한 사례를 보고 따라 배우게 하기 위함이었다. 지금이야말로 스승의 좋은 점을 따라 배우고, 나쁜 점은 반면교사로 삼는 '사자지익'을 위한 〈신(新) 삼강행실도〉가 꼭 필요한 때가 아닐까.

우여허지 又予許之

좋은 의견, 절대 놓치지 말라

"변계량이 일찍이 (…) 나이 젊고 학습 능력이 있는 한두 사람의 유생(儒生)을 선택하여, 일터에 나오지 말고 고요한 곳에서 독서하게 하자고 제안했다. 정통(精通)해야 크게 쓰일 수 있다고[大用] 보았기 때문인데, 태종이 옳게 여기셨으면서도 실행하지는 못했다. 내게 또 청하므로 내가 허락했다."

卞季良嘗白太宗 請擇年少可學一二儒 除仕官就靜處讀書 可能精通而大用 太宗然之而未果 又請於予 予許之

• 《세종실록》 재위 10년 3월 28일

우여허지(又予許之)란 '또한 내가 그것을 허락했다'라는 뜻이다.

세종의 대화법 중 주목되는 것은 좋은 의견을 놓치지 않는 민감함이다. 즉위 초반 세종은 "궁궐에서 자라서 민생의 어려움을 잘 알지 못한다"라고 말한 적이 있다. 이에 경연관 정초가 "일반 백성[小民]을 찾아서 물으면, 알 수 있을 것"이라고 하자, 세종은 "그렇다[然]"라고 하면서 궐 밖으로 나가 농민들을 만났다.

재위 말년, 춘추관(春秋館)에서 《태조실록》 등 실록을 춘추관의 실록각(實錄閣)에 간직하는 것 외에 다른 세 본(本)을 만들어 "충주·전주·성주의 사고(史庫)에 나누어 간직하소서"라고 제안했을 때도 세종은 "그대로 따랐다[從之]."(《세종실록》 27/11/19)

제시된 인용문에서 이야기하는 '상사독서제(上寺讀書制)' 역시 마찬가지다. 젊고 학습 능력이 있는 젊은 선비들에게 사가독서(賜暇讀書) 제도를 시행해서 정통한 인재로 키우자는 변계량의 제안에 대해 태종은 '옳게 여겼지만 실행하지 못했다[然之而未果]. 그의 재위 기간에 "한 가지 재주와 한 가지 선행이 있는 자도 등용하지 않은 일이 없었다[以一藝一善名者 無不庸]"라고 평가를 받았던 태종조차도 '좋은 의견을 좋게만 여기고 실행하지 못한[雖善言竟未施行]' 경우가 많았던 것이다.

이와 달리 세종은 그 제안을 허락하여 시행했다. 1426년(세종 8년) 12월에 사가독서제를 시행해본 후에, 다시 1432년(세종 14년)

부터는 상사독서제를 시행했다. 독서에 더욱 몰입해서 정통하게 하려고 신숙주·성삼문 등 6인을 북한산 자락 진관사(津寬寺)에서 독서하게 한 것이다.

《세종실록》을 보면, 세종이 집현전의 젊은 신하들이 내놓는 좋은 아이디어를 채택하는 데 매우 열심이었음을 알 수 있다. 경연에 사용한 책을 표기(標記)해서, 즉 '경연(經筵)'이라는 도장을 만들어 책마다 찍게 하고, 임금이 신하들에게 내리는 책에 대해서는 '내사(內賜)'라는 도장을 찍어서 주자는 제안도 있었다. 이에 대해서도 세종은 "그렇게 하라"라고 했다.

집현전 부제학 정인지가 폐지된 수문전과 보문각을 다시 복구하여 "인재를 육성하고 그들에게 기대(期待)하는 길이 넓어지게" 하자는 제안에 대해서도 허락했다. 흥미로운 것은 이 제안을 하면서 정인지가 한 말이다. 그는 "문예(文藝)라는 것은 (…) 정신의 운용(運用)과 심술(心術)의 움직임에서 나오지 않은 것이 없으므로, 대개 일정한 사람에게 기한을 정해서 하게 하면 성효(成效)가 없다"라고 했다(《세종실록》 11/4/27). 요즘 유행하는 인문학, 즉 문예(文藝)가 "정신의 운용과 심술의 움직임[精神之運 心術之動]"에서 비롯된다는 점, 따라서 그것은 단기간의 프로젝트성 정책으로는 성과를 거둘 수 없고 평상시에 인문학을 배우고 익히는 제도를 만들어야 한다는 뜻이다.

좋은
의견을
물리치지 말라
세종말씀

이 외에도 관료들에게 공부하는 분위기를 만들기 위해 시행해야 할 조건[文臣勸 學條件], 청소년 때부터 시 쓰는 공부를 하게 해야 한다는 제안[詩學 振興條件] 등 집현전에서 올린 제안들이 거의 채택되었다. 물론 이념적인 문제이거나 국가 기조사업에 대해 반대했을 때는 거절했다. 불교를 배척하는 상소나 '수령육기제'를 폐지하라는 상소, '세자첨사원'을 반대하는 상소, 그리고 훈민정음 창제를 중지해야 한다는 최만리의 요구 등에 대해서 그랬다. 세종은 집현전이 국가의 싱크탱크로서 새로운 아이디어를 제시하길 기대했지, 언관처럼 비판하고 반대하는 역할을 바라지는 않았기 때문이다.

좋은 말이 나오면 그 말이 땅에 떨어지기 전에 붙잡아 시행하곤 했던 세종의 태도가 그의 시대를 번창하게 했다는 것은 많은 것을 시사한다.

소간장성 少艱長成

젊어서 고생, 사서 하게 하라

"무릇 사람이 젊어서 호화로우면 커서 교만해지고, 젊어서 고생을 겪으면 장성하여 성취함이 있다."

凡人少習豪華 則壯而驕逸 少涉艱苦 則長而成就

• 《세종실록》 재위 21년 5월 4일

소간장성(少艱長成)은 '젊어서 고생해야 커서 성공한다'라는 뜻이다. '젊어서 고생은 사서도 한다'라는 우리 속담의 세종식 표현이다.

세종에게도 젊은 시절, 20~30대의 불안하고 좌충우돌하는 시절이 있었다. 1418년 22살의 나이에 왕위에 올랐지만, 그에게는 인사권과 군사권 등 핵심 왕권이 주어지지 않았다. 모든 정치가 부왕인 태종의 의중대로 움직였다.

그는 왕비의 가문이 파탄이 나도 발언 한마디 못하고 밤늦게까지 부왕을 따라 연회에 참석해 춤을 추어야 하는 무기력한 남편이었다. 계속되는 가뭄으로 백성들은 굶주림을 면치 못했고, 제주도로 곡식을 실어 보낸 배가 난파되었다는 소식이 사고 발생 후 무려 한 달이 지난 뒤에야 들려왔다. 연이어 터지는 고위 관리들의 뇌물사건이며 성 추문 사건으로 조정에 대한 신뢰는 땅에 떨어질 대로 떨어진 상태였다.

급기야 왕을 비난하는 소리까지 들려왔다. 부왕 태종의 명을 어기지 못하고 이리저리 사냥터로 따라다니는 세종을 향해 역관 임군례는 "이따위가 무슨 대체(大體)를 아는 임금이라 할 수 있겠는가"라며 떠들었다. 이어서 임군례는 "고려 말 우왕이 여기저기 놀러 다닌 것과 다를 바가 뭐냐"고 비난하기도 했다(《세종실록》 3/2/18).

부왕이 사망한 1422년(세종 4년) 이후로도 어려움은 마찬가지였다. 특히 1425년 12월 기록을 보면, 각종 강력범죄가 속출하고, 강원도와 평안도 등지에 심한 기근이 들어 고향을 떠나 떠도는 사람이 줄을 잇고, 설상가상으로 그보다 한 달 전인 11월에는 태풍까지 휩쓸고 지나갔다. 특히 새로운 화폐제도, 즉 동전법 강행에 대한 백성들의 저항은 세종으로서 감당하기 힘든 일이었다. "책을 통해 나라 다스리는 도리를 살펴보면, 손바닥 뒤집는 것처럼 쉽다. 그러나 실지의 일에 당면하면 어찌할 바를 모르겠다." (《세종실록》 7/12/8)라는 한탄은 그가 얼마나 '힘들고 고통스럽게 강물을 건너고'[涉艱苦] 있는지를 여실히 보여준다.

이 시기의 세종을 생각하면 한 여름의 날씨가 떠오른다. 청년 세종은 뜨겁고 무더우며 습도 높은, 긴 장마까지 반복되는 인생의 여름철을 견뎌내고 있었다. 그는 아무것도 할 수 없을 것만 같았던 상왕 통치기에 집현전을 세워(재위 2년) 젊은 인재들과 교감하면서 실력을 키웠다. 수시로 백성들을 찾아가 만나 실태를 조사하고[問於農夫], 적실한 대책을 물었다(재위 7년). '지금까지 하던 것 중에서 하나를 아주 잘하자'라는 자세로 그동안 평범하게 진행되던 어전회의를 매우 창의적인 것으로 바꾸었다(경연회의 월 5회 개최).

위의 인용문은 세종이 넷째 아들 임영대군(臨瀛大君, 1420-1469)

의 비행실덕을 지적하면서 자책한 말이다. 임영대군은 세종의 아들 중에서 가장 부모의 속을 썩였다('제가최난' 참조). 그는 아버지가 왕위에 오른 뒤에 태어난 첫 자식이라 그런지, 좀처럼 자신을 가다듬지 않았을뿐더러 아버지에게 꾸지람을 들어도 "전혀 뉘우치거나 고치지 않았다[尙不悛改]"(《세종실록》 21/5/3). 임영대군을 보면 요즘 재벌 2,3세가 떠오른다. 그리고 얼마 전인 2016년 5월 23일 〈하버드 비즈니스 리뷰(Harvard Business Review)〉에 실린 연구, 즉 부잣집에서 자란 아이는 커서 훌륭한 리더가 되지 못한다는 연구 논문을 연상하게 한다.

션 마틴(Sean Martin) 보스턴칼리지 교수 등은 '부유하게 자란 리더들이 더 쉽게 자기도취에 빠진다(Growing Up Wealthy Makes Leaders More Narcissistic)'라는 논문에서 부잣집에서 자란 아이들은 자기도취성(narcissism)이 강한 어른으로 자라기 쉽기 때문에 조직을 이끄는 훌륭한 리더가 되지 못한다고 지적했다. 자기도취가 심한 사람은 자기중심적인 생각이 강하고 충동적이며 타인에 대한 배려가 적다고 한다. 따라서 관계와 업무, 변화를 효과적으로 이끄는데 필요한 리더십, 즉 조직구성원을 배려하고 그들과 걱정을 공유하며, 자기와 다른 의견을 수용하는 등의 공감 능력이 크게 떨어진다는 것이다. 그러다보니 자연히 업무와 조직에 대한 통제도 약하고, 혁신을 이끌어 내는 능력이 떨어진다고 한다.

그러면 어떻게 해야 할까? 자식 교육을 위해 일부러 가난하게 살 수도 없는 게 현실이라면, 먼저 세종의 지혜에 귀를 기울여보라고 권하고 싶다. "진(秦)나라 2세 호해(胡亥)가 본성이 나빠서 그리 된 것 아니다. 조고(趙高)에게 배우고 익힌 것이" 그릇되었고, 나쁜 사례를 자주 듣고 자라서 그처럼 잔인 포악한 사람이 되었다는 말이 세종이 편찬하게 한 책 《치평요람》에 있다. 따라서 인성이 좋은 사람이 되려면 "그 즐기는 것을 가려서 먼저 수업해야 마침내 경험할 수 있고, 그 즐거워하는 것을 먼저 익혀야 결국 행할 수 있다[故擇其所嗜 必先受業迺得嘗之, 擇其所樂 必先有習迺得爲之]"는 것이 《치평요람》 편찬자들의 제안이다.

기호(嗜好)나 기뻐하는 것[所樂]까지도 '가려서' 하고 '먼저 익혀야' 제대로 경험할 수 있고, 실행할 수 있다는 말은 가까이하는 사람과 자주 듣는 이야기가 그 사람의 인성을 좌우한다는 것이다. 이는 세종의 인성론에 따른 것이다. 세종에 따르면 선한 사람과 악한 사람이 처음부터 정해져 있는 것은 아니라고 한다. "대체로 중인(中人) 이하의 사람들은 착하게 될 수도 있고 악하게 될 수도 있어서, 여울의 물과 같이 동쪽을 터뜨려 놓으면 동쪽으로 흐르고, 서쪽을 터뜨려 놓으면 서쪽으로 흐르게 된다[大抵中人以下 可與爲善 可與爲惡 猶湍水決諸東方則東流 決諸西方則西流]"(《세종실록》

18/11/7)라고 한다.

여기서 보듯이 세종은 사람의 품성이 '마치 여울의 물과 같아서[猶湍水] 그 터놓은 방향에 따라서 착하게 될 수도 있고 악하게 될 수도 있다고 보았다. 사람의 품성은 처음부터 정해진 것이 아니며[非定性命也] 누구를 만나 어떤 이야기를 듣고 자라느냐에 따라 달라진다는 것이다. 다음으로 세종은 사람을 성인(聖人)과 중인(中人) 이하의 사람으로 나눈 다음, 전자 즉 성인의 책임을 강조했다. 세종이 말하는 성인은 "사물을 통찰하여 아주 멀리 내다볼 수 있는[洞照事物 明見萬里]" 사람이다. 세종에 따르면 이런 사람은 정승의 자리에 앉아서 중요한 결정을 내려야 하는 인재들인데, 이들은 "의심으로 꽉 차서 일마다 머뭇거리는" 중인 이하의 사람들을 이끌어가야 한다(《세종실록》15/3/17).

세종의 조언, 즉 인성 좋은 훌륭한 리더를 키우는 왕도는 다음과 같이 요약할 수 있다. ① 좋은 스승을 만나서 ② 정대하고 아름다운 이야기를 다양한 방식으로 듣고 경험할 수 있게 하되, ③ 공동체 안에서 더불어 사는 경험을 ④ 젊어서 체득하고 자기 스토리로 만들어 가게 하라.

참고고제 參考古制

성공 사례를 적극 활용하라

"[무묘(武廟)**를 훈련관**(訓鍊觀) **북쪽에 세워서 문·무의 도**(道)**를 겸전케 하자는 제안을] 상정소**(詳定所)**에 내리고, 또 집현전으로 하여금 고제**(古制)**를 참고하게 했다."**

命令集賢殿參考古制

• 《세종실록》 재위 13년 3월 17일

참고고제(參考古制)란 '옛 사례를 자세히 살피다[상고(詳考)]'는 뜻이다. 실록에서 '계고(稽古)'라는 말로 요약되어 사용되곤 했다. 과거의 사례를 집대성하라는 의미의 이 말은 세종 리더십의 비결 중의 하나다. 우선 세종에 이르러 이 말은 유독 많이 사용되었는데, 《세종실록》에는 "고제(古制)"라는 말이 398회 나온다. 이는 그 이전의 《태종실록》 91회는 물론이고, 그 뒤 그와 비슷한 재위 기간의 《성종실록》 129회나 《중종실록》 54회보다 압도적으로 많다. 무엇보다 이 말은 제안된 정책의 시행 조건, 진법(陣法)의 종류, 사람 쓰기 등 다양한 분야에서 최고의 성공 사례(best practice)를 뽑아오라는 세종의 지식경영을 압축해서 보여준다.

제시된 인용문에서도 세종은 오위 소속 사직(司直) 박아생(朴芽生)이 공자를 높여 문묘(文廟)를 만든 것처럼 태공망(太公望), 즉 주나라 문왕(文王)의 스승 여상(呂尙)을 제향하는 무묘(武廟)를 만들자는 제안에 대해서 관련 부처에 검토하게 하는 한편 집현전에서 과거 사례를 참고하여 올리라고 지시하고 있다. 집현전의 주요 업무가 과거 사례를 조사해 올리는 것이라는 것을 여기서도 볼 수 있다.

흥미로운 것은, "옛 제도를 참고하라[參考古制]"라는 세종의 지시가 많아지자 집현전 학사들은 아예 경복궁 경회루 남쪽에 장서각(藏書閣)이라는 도서관을 짓고 국내외의 책을 다양하게—심지어 아랍 지역의 책까지도—구입해놓았다는 사실이다(《세종실록》 17/6/8). 장서각은 무수한 과거 사례집의 창고였던 셈이다. 세종 때 집현전 학사를 지낸 서거정에 따르면, 책들이 너무 많이 쌓여서 접근이 어려울 정도가 되자, 부문별로 모아 책갈피[牙籤]를 표시하여 "손바닥 뒤집듯이 쉽게" 열람할 수 있게 만들었다고 한다(서거정 외, 《동문선》).

과거의 사례를 집대성하여 그것으로부터 성공한 조건과 실패한 원인을 분석하려는 세종의 노력은 농업과 약초 등의 분야에서도 나타났다. 《농사직설》을 제작하기 위해 그는 "각 도(道)의 관찰사에게 명하여 여러 지방의 숙련된 농부[老農]들을 찾아가 방문하게 했으며[逮訪州縣老農]"(《세종실록》 11/5/16), 《의방유취》나 《향약집성방》 같은 의학 서적을 위해서 "의관(醫官)을 선발하여 매양 사신을 따라 북경에 가서 약방문에 관한 책을 널리 구하게 했다[廣求方書]"(《세종실록》 15/6/11). "어떤 일을 기획할 때 (왕께서는) 반드시 옛것을 스승 삼았다"라는 사후(死後) 평가는 그의 일하는 방식을 단적으로 보여준다.

토크빌이 쓴 《미국의 민주주의》를 보면, 1500년 경 유럽인들은 중국을 방문했을 때 두 번 크게 놀랐다고 한다. 그들은 먼저 당시 유럽에서 추구하는 과학기술 대부분이 중국에 이미 달성되어 있다는 점에 놀랐다(박현모 2014, 5쪽). 그런데 그들을 더욱 놀라게 한 것은 그런 놀라운 과학기술 성과가 있음에도 조상 자랑만 할 뿐 그런 성과를 가져온 원리를 탐구하거나 진전시킬 노력을 전혀 하지 않고 있는 중국인들의 태도였다. "그들은 전통을 그대로 간직만 할 뿐, 그것을 새롭게 만들려는 노력을 기울이지 않고 있다"라는 것이 유럽인들의 관찰이었다(토크빌 1997, 610쪽).

나는 오늘날 대한민국의 상황이 1500년경의 중국과 별반 다르지 않다고 생각한다. 우리 역사에서 가장 뛰어났다는 세종 시대만 해도 그 시대가 훌륭했다는 이야기만 반복할 뿐, 그것이 어떻게 가능했는지에 대한 치밀한 연구는 별로 없다. 전통을 자랑할 뿐 그 전통을 만든 조상들의 지혜와 리더십을 배우는 데에는 게으르다. 역사 속에 쌓여 있는 숱한 정치의 임상실험을 토대로 시행착오를 최소화하려 했던 세종의 '참고고제'는 오늘날에도 본받을 만한 지식경영의 한 가지 원리가 아닐까?

비급소선 非急所先

빨리 할 일과 미리 할 일을 구분하라

"《효행록》을 간행해 어리석은 백성들을 깨우쳐 주려고 한다. 이것은 비록 폐단을 구제하는 급무가 아니지만, 교화하는 데 가장 먼저 해야 할 것이다."

思欲刊行孝行錄 以曉愚民. 此雖非救弊之急務 然實是敎化所先

• 《세종실록》 재위 10년 10월 3일

비급소선(非急所先)이란 "급한 일은 아니지만 먼저 해야 할 일"이란 뜻이다. 흔히 '급선무(急先務)'라는 말을 쓰지만, 이 말은 '급하고도 먼저 해야 할 일'이란 뜻이 아니라 '먼저 해야 할 일은 미리 한다'라는 의미다.

맹자는 "요(堯)임금과 순(舜)임금의 지혜는 사물(事物)에 치우치지 아니하고 먼저 해야 할 일을 미리 한 것에 있다[堯舜之智 不偏物急先務也]"라고 말했다(〈맹자〉 진심上 제46장). 정말로 지혜로운 사람은 '마땅히 힘써야 할 것을 빨리할 줄[當務之爲急] 아는 자'라고도 했다.

세종도 맹자의 이 말을 언급하곤 했는데(《세종실록》 8/4/11), 어떤 결정을 할 때 그 일이 '급무(急務)'인가 '선무(先務)'인가를 먼저 생각했다. 그가 보기에 빨리 해야 할 일, 즉 '급무(急務)'로는 저수지가 터졌을 때 급히 보수해야 하는 상황(《세종실록》 3/1/16)이나 외교적 사안, 즉 여진족의 식량 요청을 수용할 것인지(《세종실록》 8/4/11), 곧 방문할 일본 사신의 숙소를 추가로 지을 것인지(《세종실록》 1/10/27), 또는 잘못된 토지 측량을 고쳐 바로잡기 위해 중앙에서 관리를 파견할 것인지(《세종실록》 10/9/4) 등이었다.

이에 비해 미리 해야 할 일, 즉 '선무(先務)'로는 주로 민생과 교화, 그리고 국방에 관한 사안이었다. 그는 지방에 내려가는 수령들을 일일이 만나보면서[引見] "형벌을 조심하고 농상(農桑)을 권장하며, 환상곡을 거두고 나누어 주는 데에 삼가하는 것이 수령으로서 먼저 힘써야 할 바이니[愼刑罰勸 農桑 謹斂散 守令之先務], 너희들은 가서 조심하라"고 신신 당부하곤 했다(《세종실록》 22/7/19; 22/7/22; 23/1/2).

교화, 즉 풍속을 돈독히 하고 인재를 기르는 것이 국가를 경영하는 자의 선무[有國之先務]라는 말도 자주 나온다(《세종실록》 22/4/27). 대표적인 예가 위의 인용문이다. 세종은 김화의 살부사건을 듣고 그 대책을 논의하는 자리에서 《효행록》과 비슷한 책, 즉 《삼강행실》의 편찬을 지시했다. 백성들이 넘지 말아야 할 선(線)을 분명히 깨우쳐 주는 게 선무라고 판단한 것이다(《세종실록》 10/10/3). 책을 많이 찍어 백성들에게 글을 읽게 함으로써 인문에 의한 교화를 일으키겠다는 말[文敎之興]도 같은 맥락에서 나왔다(《세종실록》 4/10/29).

"인재 기르는 것이 국가의 선무(先務)"라는 것은 세종과 그 시대 사람들의 공통된 생각이었다(《세종실록》 10/8/21). 세종은 즉위 초인 1420년에 집현전을 설치했고, 1425년에 집현전 학사들을 위해 독서휴가제[賜暇讀書]를 도입하는가 하면, 성균관을 개혁하여 명실상부한 최고 국립대학으로 자리매김하게 했다. 인재양성이야말로 급무는 아니나 먼저 해야 할 중요한 일이라 판단했기 때문이다.

그 외에 성 쌓고 보루(堡壘)를 정비하는 일(《세종실록》 18/4/2)이나 군비를 미리 정비하는 것(《세종실록》 28/1/16), 그리고 주변국의 동향을 미리 파악하고 대비하는 것(《세종실록》 18/윤6/18) 등 국가 안보에 관한 것도 국가가 미리 미리 해야 할 일이었다.

세종과 그의 신하들이 이처럼 선무(先務)를 강조한 것은 선무를 잘해 놓으면 급무가 줄어들뿐더러 급한 일이 발생했더라도 적절히 대응할 수 있다고 보았기 때문이다. 세종 재위 12년 째인 1430년에 병조 참의 박안신이 소나무를 널리 재배하고 보호하여 전함(戰艦) 만들 재목을 준비해야 한다고 말한 것이 그 한 예이다. 그에 따르면 "7년 묵은 병에 3년 묵은 쑥을 구할 때에, 진실로 지금이라도 쑥을 구해 묵히도록 하지 않으면 종신토록 3년 묵은 쑥을 얻지 못할 것인 바" 지금이라도 빨리 산에 화재를 금하고 나무를 잘 가꾸도록 법령을 거듭 엄하게 하여, 소나무가 무성하고 산과 들에 재목이 가득하게 해야" 주장했다(《세종실록》 12/4/14). 말하자면 '3년 묵은 쑥'을 미리 준비한 나라만이 '7년 묵은 중병'을 치료할 수 있다는 얘기였다.

스티븐 코비(S. R. Covey)에 따르면, 대다수 사람들은 '긴급하지만 중요하지 않은 일', 즉 잠깐의 급한 부탁 들어주기나 자신의 인기 있는 활동을 하는데 대부분의 시간을 빼앗긴다고 한다. 이에 비해 성공한 사람들은 '중요한 일을 예방적'으로 처리한다. 즉

원만한 인간관계를 구축하거나 새로운 기회를 발굴하고, 자기의 사명을 이뤄가는 장기적인 프로젝트를 준비하는 일을 미리 미리 준비해 간다는 것이다.

"가장 중요한 것이 가장 하찮은 것에 의해 좌우되는" 어리석음을 저지르지 않기 위해서는 ① 먼저 자신의 사명을 분명히 찾고, ② 우선적으로 해야 할 소중한 것들의 목록을 작성하되, ③ '정중히 거절하는 용기'가 필요하다. 그러지 않으면 '긴급하지만 중요하지 않은 일'들의 파도는 점점 더 크게 다가와 "우리를 쓰러뜨리고, 겨우 휘청거리며 일어나면 다른 더 큰 문제로 우리를 파괴"시키고 말기 때문이다(S. R. Covey 1994, 203-213쪽).

"못 한다"라고 말할 수 있는 용기는 자기를 비우는 힘에서 비롯된다. 세종이 "일을 쉽게 여기고 하면 성공하지 못하나, 그 일을 어렵게 여겨서 하는 이는 성공한다"(《세종실록》 9/12/8)고 하여 '어렵게 여기는 정치'를 한 것은 자기를 낮추고 비우는 리더십을 보여준다. 그가 취임사에서 '먼저 백성들의 말을 듣고 거기에 따라서 정책을 세우겠다'고 한 것이나, 즉위 제일성에서 "과인이 인물을 잘 알지 못한다[予未知人物]"라고 말해 신하들의 마음을 얻은 것(《세종실록》 0/8/12), 그리고 가뭄으로 흉년이 계속되자 "나는 어떻게 해야 하는지 모르겠다"고 자세를 낮춰 신하들의 말이 흘러들어오게 한 것 역시 '자기를 비우는 힘'의 사례들이다.

이와 관련하여 미국의 34대 대통령 아이젠하워(D. Eisenhower)의 'THROW 법칙'이 생각난다. 그는 책상 옆에 4개의 상자를 만들어 놓고 올라오는 모든 서류를 ① 버릴 것(Throw away), ② 다른 전문가에게 맡길 것(Hand over), ③ 지금 당장 결정할 것(Right now), ④ 지시할 것(Order)으로 분류했다고 한다. 그리고 문제를 이상의 4가지 분류법에 따라 고심해서 풀어나가면(Worry a problem out) 아무리 복잡한 사안들도 효과적으로 해결된다는 것이다. 이때 중요한 것은 ①의 버릴 것을 먼저 정하는 것이다. 아랫사람에게 위임하기를 잘해야 정말로 중요한 일을 잘 결정할 수 있기 때문이다. 같은 맥락에서 ②의 다른 전문가에게 맡기는 것 역시 '자기를 비우는 힘'에 해당한다.

바로 지금부터, "급한 일은 아니지만 먼저 해야 할 일"이 무엇인지 적어보고, 그 일을 우선적으로 하면 어떨까?

선발제인 先發制人

일의 주도권을 선취하라

"먼저 일으키면 남을 제어하고, 뒤에 일으키면 남에게 제어를 받는다."

先發制人 後發制於人

• 《세종실록》 재위 19년 6월 19일

선발제인(先發制人)이란 '먼저 일으키면 남을 제압할 수 있다'라는 뜻이다. 이 말은 뒤의 '후발제어인(後發制於人)'과 결합하여 일의 주도권을 장악하는 것의 중요성을 일깨워준다.

세종은 국정운영 및 국책사업 대부분을 '선발제인' 방식으로 이끌어갔다. 즉위하자마자 국왕 주도하에 경연(經筵)을 열어 당시 신료들의 제왕학 교육 요청에 선제적으로 대응했을뿐더러, 경연에서의 국정 토론을 활성화하여 "토론을 즐기는[樂於討論]" 군주라는 평가를 받았다.

재위 중반부의 세제 개혁 때도 그랬다. 그는 재위 9년(1427년) 봄, 과거시험 문제로 공법(貢法)이라는 새로운 세제를 출제했다. "공법을 사용하면서 이른바 좋지 못한 점을 고치려고 한다면, 그 방법은 어떠해야 하겠는가"라고 하여 (그 찬반을 묻는 게 아니라) 왕이 구상하는 대안의 구체적인 실행 방안을 물었다(《세종실록》 9/3/16). 이렇게 공론화된 세제 개혁안에 대해 조정 대신들의 의견이 찬반양론으로 나뉘자 그는 전국적인 여론조사를 지시했다(《세종실록》 12/3/5). 여론조사에서 다수의 지지가 확보되자 '공법 상정소'라는 TF팀을 만들어 최종 개혁안을 통과시켰다. 이 역시 세종의 선발제인 정치 방식을 잘 보여준다.

재위 후반부의 북방 영토 경영도 마찬가지였다. 세종은 황희를 비롯하여 대다수 신료가 반대하는 4군6진 개척을 성공시키기 위해서 초기에 '두만강과 압록강을 국경으로 삼는' 분명한 영토 비전을 제시했다. 주목할 만한 것은 세종의 설득 방식이다. 그는 먼저 싱크탱크 집현전의 힘을 빌려 옛일을 상고하고, 지금을 참작하여, 대신들과 두루 의논해 결정했다[考古參今 與大臣議定] [숙의(熟議)]. 그런 다음에는 대신들뿐만 아니라 김종서와 같은 현장 지휘관의 의견을 경청했고, 필요하면 황희와 안순 등을 현장에 파견해 조정회의가 심의(審議)될 수 있도록 했다. 그러고 나서야 결론을 내렸는데, 그가 사용한 결정 방법은 독단결정[獨斷爲之]이다. 재위 26년째인 1444년에 세종은 "내가 여러 가지 일에서 여러 사람의 의논을 좇지 않고, 대의(大義)를 가지고 강행한 적이 자못 많다[斷以大義而强爲之者頗多]"라면서 북방 축성을 그 예로 들었다(《세종실록》 26/윤7/23).

제시된 인용문은 세종의 북방 영토경영 중 여진족 토벌 준비 중에 나온 말이다. 1437년(세종 19년) 6월 세종은 평안도 도절제사 이천에게 "내 경이 아뢴 바를 매우 옳게 여겨, 여러 사람의 논의를 물리치고 행하고자 한다"라면서, 선제적으로 여진족을 토벌할 시기를 "잘 논의하여 아뢰라"라고 지시했다. 적에게 침략당한 뒤에 토벌할 게 아니라 먼저 기선을 제압할 기회를 찾아보라고 말했고, 석 달 후(1437년 9월) 이천은 여진족 토벌을 감행했다.

'선발제인'은 세종의 아들 세조의 일 처리 방식이기도 하다. 세조는 어떤 일을 시작하기 전에 신숙주와 한명회 등 핵심 인사들과 구체적인 실행 방안을 설계해놓고 출발했다. 세조는 "내가 남을 이기는 방법은, 정어미쟁(定於未爭), 즉 싸우기 전에 미리 대비해놓는 것[我之勝人 定於未爭之前]"이라고 말했다(《세조실록》 총서).

중요한 것은 선발(先發)의 단계에서 사업의 요체를 얼마만큼 잘 그려내느냐이고, 그 다음의 사업을 차례로 제시할 역량을 얼마나 잘 갖추느냐 하는 것이다.

이 중 앞의 '사업 요체 그리기'를 위해 세종은 어전회의를 효과적으로 활용했다. 여러 분야의 전문가를 회의에 참석시키되, 회의 참석자 중에 반대의견을 가진 사람도 자유롭게 말할 수 있게 했다. 예컨대 '파저강 토벌 논쟁'에서 허조는 토론 기간 내내 이 토벌에서 발생할 수 있는 문제점들과 최악의 경우를 집요하게 지적했다. 행병(行兵)할 때 그 지역 주민들에게 끼칠 민폐와 군량 문제, 큰비가 내려 압록강을 건너지 못할 경우 어찌할 것인지 등을 꼬치꼬치 따져 물었다. 그런데 허조의 이런 반대는 회의 참석자들의 집단적 착각, 즉 '집단적 사고(group thinking)'의 형성을 방지하는 데 한몫을 한 것으로 보인다. 세종은 늘 끝까지 그의 의견을 경청했고, 제기된 문제점을 해결한 뒤에야 그 정책을 시행하곤 했다. 토론을 통해 사전에 문제점을 발견하고 예방한 것이다(비판과 대책 마련으로 토론의 예방적 효과 거두기).

다음으로는 일의 단계적 제시 능력이다. 세종 재위 32년을 개관해보면 그는 꼭 필요한 정책을 단계적으로, 하나씩 성취하면서 일해나갔음을 알 수 있다. 어떤 일이 마무리될 시점에 접어들면 다음 사업을 제시해 그곳으로 국가적 에너지를 집중하게 했는데, 신중하면서도 '전심전력을 기울이는' 모습을 보였다. 파저강 토벌(1차)의 경우에서도 전승 보고를 받은 직후 세종은 "다행히 크게 승리했으니, 진실로 기쁜 일이나 역시 두렵다[是誠可喜 而亦有懼]"라고 말했다. 그러면서 앞으로 "이 공을 보전하여 영구히 후환을 없게 할" 방도를 찾으라고 지시했다(《세종실록》15/5/3).

국가나 기업의 중요 사업을 성공시키려면 어떻게 해야 하는가? 첫째, 여러 분야의 전문가들을 한곳에 모이게 하여 자유롭고 치열하게 토론하게 하라. 여기서 사업의 청사진을 잘 그려내게 한다. 둘째, 사업을 순차적으로 제시하여 전심전력을 기울이게 하되, 구성원들로 하여금 신뢰를 갖고 다음 사업을 기대하게 하라.

유심간택 留心揀擇

온 마음을 기울여 인재를 찾으라

"작은 벼슬을 제수할 적에도 내가 반드시 마음을 기울여서 고르는데 하물며 정승이리오. 최윤덕은 비록 배우지 않아서 일을 아뢰는 데 어두우나, 밤낮으로 게으르지 아니하고 일심봉공(一心奉公)하니 족히 그 지위를 보전할 것이다."

予之意如此 而大臣之意亦如此 其代權軫之職. 予於小職除授 必留心揀擇 況相臣乎

• 《세종실록》 재위 15년 5월 16일

유심간택(留心揀擇)이란 '마음에 늘 인재 간택하는 일을 담아두고 있다'는 뜻이다. 세종대왕은 한글을 창제하고, 세제도 개혁하고, 영토까지도 개척하는 등 다양한 분야에서 업적을 남겼는데 그것이 어떻게 가능했을까? 그것은 바로 세종의 사람 쓰기 덕분이라고 말할 수 있다.

황희(黃喜), 허조(許稠), 박연(朴堧), 장영실(蔣英實), 최윤덕(崔閏德), 김종서(金宗瑞), 그리고 숱한 집현전 학사들은 어떻게 발탁되었을까? 앞의 인용문에 답이 들어 있다. "나는 작은 벼슬을 제수할 때도 온 마음을 기울여 고른다"라는 말이 그것이다. 이 일을 잘할 수 있는 사람이 누구일까 그리고 어디를 가면 그를 만날 수 있을까를 늘 마음에 두고[留心], 마치 왕비나 국왕 자녀의 배우자를 고르듯이[揀擇] 인재를 선발하고 있다는 말에서 세종의 인재경영에 대한 자세를 읽을 수 있다.

제시된 인용문에서 "하물며 정승이리오"라는 말에서 보듯이 세종은 정승을 임명하는 데 온 정성을 기울인 임금이었다("만약 한 사람의 훌륭한 정승을 얻으면 나랏일의 근심을 없앨 수 있다"). 그야말로 "국가의 운명을 맡길 만한 신하[社稷之臣]"를 선발하기 위해 세종은 숙고에 숙고를 거듭했는데, 훌륭한 정승을 선발하면 나라의 근심을 없앨 수 있다고 보았기 때문이다. 1433년(세종 15년) 4월, 최윤덕은 1만 5천여 명의 군대를 이끌고 지금의 중강진 건너편 파저강 일대에 사는 여진족을 토벌했다. 이 일은 우리의 국경을 압록강과 두만강까지 넓히는 데 결정적인 기여를 했다. 세종은 처음에 토벌을 반대하던 최윤덕을 토론 과정에서 설득했다. 그 다음에 그로 하여금 그 일의 전적인 책임자가 되게 했다. 최윤덕도 일단 여진족을 토벌하기로 결심한 후부터는 온 힘을 다해 준비하고 효과적으로 지휘하여 전쟁을 완벽한 승리로 이끌었다.

그런데 파저강 토벌의 주인공 최윤덕은 어떤 사람이었나? 파저강 토벌이 단행되기 직전에 세종은 당시 좌대언(승지)으로 측근이자 인사 문제에 관여하던 김종서에게 물었다. "최윤덕이 어떤 사람인가?" 이에 대해 김종서가 대답했다. "사람됨이 비록 학문의 실력은 없으나 마음가짐이 정직하고 또한 뚜렷한 잘못이 없으며, 용무(用武)의 재략(才略)은 특이합니다"(《세종실록》 14/6/9). '학문 실력이 없다'라는 김종서의 말은 인용문의 '최윤덕은 배우지 않았다'라는 세종의 말과 일치하는데, 그는 왜 배우지 않았을까?

《연려실기술》을 보면, 일찍이 어머니를 여읜 최윤덕은 아버지 최운해가 국경 수비로 나가 있는 동안 고향인 경남 합포(지금의 마산) 인근의 그릇 만드는 천인인 양수척(楊水尺)의 집에서 자랐다. 따라서 제대로 학문을 익힐 기회가 없었다. 하지만 그는 어려서부터 힘이 뛰어났고, 양수척에게 배워 굳은 활을 특히 잘 쏘았다고 한다. 산 속에서 말이나 소를 먹이다가 덤벼드는 호랑이를 화살 한 대로 쏘아 죽일 정도였다. 그런데 최윤덕을 훌륭한 장수로 만든 것은 실상 서미성(서거정의 아버지)이었다. 마침 서미성이 경상남도 합포에 수령으로 와 있을 때 최윤덕을 만나 시험해보았는데, 최윤덕이 활을 쏘면 맞추지 못하는 것이 없었다. 서미성은 "이 애가 비록 손이 빠르긴 하나 아직 법을 모르니 사냥꾼의 기술에 불과하다"라면서 활 쏘는 법과 말 타는 법 등을 가르쳤다(《연려실기술》 권3, 301쪽). 사람의 인연이란 이처럼 귀중한 것이다. 어떤 스승을 만나는가에 따라서 사냥꾼에 머물 수도 있고, 최고의 '명장'으로 새롭게 거듭날 수도 있기 때문이다.

최윤덕은 음관(蔭官)으로 기용되어 부친을 따라다니며 여러 번 전공을 세웠다. 1419년에는 이종무와 함께 대마도 정벌을 추진했고, 북방이 혼란스러워지자 동북면의 군사령관으로서 책임을 다했다. 그리고 파저강 토벌에서도 놀라운 성과를 거두었다. 그 공적으로 정승 자리를 추대받았으나 최윤덕은 극구 사양했다. 그는 "무신(武臣)의 집에서 나고 자라서 손·오(孫吳)의 병서를 간략히 익혔을 뿐인데, 의정(議政)의 직책이란 국사를 경위하고 음양을 조화시키는 것으로서 자신과 같은 무신이 헤아릴[擬議] 바가 아닙니다"라고 말했다. 그는 '북정', 즉 파저강 토벌의 공훈에 대해서도 겸양했다. "성상의 명을 받들어 야인을 토벌하매 적도들이 멀리서 관망하다가 흩어져 달아났는데, 이는 모두가 높으신 성덕(聖德)과 빛나는 신위(神威)의 소치일 뿐 신의 힘 때문이 아니었사옵니다. 외적을 막아서 북방을 안정시키는 일이라면, 신이 마땅히 이 몸이 다할 때까지 진심 진력(盡心盡力)할 것이옵니다. 무관으로서 국방에만 전념할 수 있도록 해주시길 간청하옵니다"(《세종실록》 16/2/5). 한마디로 모든 공로는 국왕의 덕망 때문이었지 자신이 한 일은 없다는 것이다.

최윤덕의 이런 태도가 그로 하여금 승전한 최고 지휘관이 종전 후 통상 걷게 되는 비극적인 말로를 피하게 해준 것은 아닐까? 그의 삶과 죽음은 당시 북방을 개척한 김종서가 수양대군에 의해 비극적으로 죽은 것과 대조를 이룬다. 어쨌든 논의 끝에 세종은 최윤덕을 우의정에 임명하면서 다음과 같이 말했다. "가정에서 훌륭한 장수의 기풍을 전해왔고, 대대로 충의롭고 곧고 굳은[貞固] 절개와 의리를 지켜왔으며, 밖으로 나가 국경[藩屛]을 지키매 위세 이름[威名]을 크게 드러냈다"(《세종실록》 16/2/5). 혹시나 '학력 시비 논쟁'이 일어나는 걸 예방이라도 하듯 세종은 '정승은 바로 이런 사람이 하는 것이다'라는 식으로 최윤덕의 장점을 부각해주었다.

결론적으로, 세종은 능력만 있다면 문벌과 학력 고하를 초월해서 등용했음을 확인할 수 있다. 작은 벼슬까지도 '반드시 마음을 기울여서 고르는' 자세, 그리고 '내외의 권한을 온전히 맡게 하는 무거운 직책'인 정승의 선발에 온 정성을 다하는 왕의 태도가 '풍평(豐平)의 시대'를 여는 초석이 되었다.

촌음무광 寸陰無曠

백성의 시간을 귀히 여겨라

"천 년의 긴 세월도 일각의 어긋남 없음에서 비롯되고, 모든 공적의 빛남은 촌음을 헛되게 하지 않는 데서 말미암는다."

千歲之致 始於一刻之不差 庶績之熙 由於寸陰之無曠

• 《세종실록》 재위 16년 7월 1일

촌음무광(寸陰無曠)이란 '촌음, 즉 아주 짧은 시간도 헛되이[曠] 흘려보내서는 안 된다'는 뜻이다. 제시된 인용문은 1434년(세종 16년) 7월 1일, 국가 표준시계로 물시계[漏器]를 사용하면서, 세종이 김빈에게 짓게 한 글[序]에서 나온 말이다.

여기서 '모든 공적의 빛남은 촌음을 헛되게 하지 않는 데서 말미암는다'라는 구절은 비단 왕과 신료들 자신의 시간을 아낀다는 뜻을 넘어서, 백성들의 시간을 귀하게 여긴다는 뜻으로 해석된다. 생생지락의 제일 조건은 백성들의 시간을 함부로 빼앗지 않는 것이기 때문이다.

경회루 옆 보루각 → 경회루 남문 → 근정전 월화문 → 근정문 쇠북[金鼓] → 광화문 대종고 등으로 시간을 전하여 알리게 했다는 이날의 실록 기사가 보여주듯이, 세종은 백성들도 시간이라는 중요한 정보자원을 누릴 수 있게 했다. 백성들 또한 나라의 주체라는 의식을 갖게 했던 것이다. 경복궁 경회루의 동남쪽에 있던 보루각은 그런 의미에서 세종의 민본정치를 상징하는 대표적인 공간이기도 하다.

세종은 오목 해시계를 두 종류로 만들어 궁궐 안에는 한자로 시간이 표시된—자(子), 축(畜), 인(寅), 묘(卯) 등—시계를 설치했지만, 종묘 남쪽과 혜정교가에는 그림문자, 즉 시신(時神)이 그려진—쥐·소·호랑이·토끼 그림 등—시계를 설치하게 했다. 그러

寸陰無曠

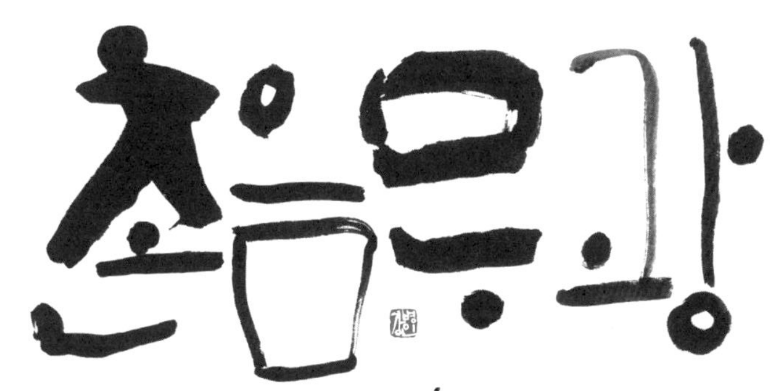

백성의
시간을
귀히 여겨라

세종 말씀

면서 "무지한 자로 하여금 보고 시각을 알게 하고자 함"이라고 말했는데, 이는 바로 그런 정신에서 비롯되었다.

참고로 세종의 자연관은 '흠경(欽敬)'이라는 두 글자로 집약된다. 그는 자연 혹은 천명(天命)을 두려워하고 조심하되, 삼가 그 원리를 깨우쳐 백성들에게 편리함을 주어야 한다고 보았다. 하늘의 경고를 되새겨 자신을 돌아보되, 하늘과 땅의 이치를 탐구하고 발견해서 백성들의 복지증진을 위해 활용해야 한다고 본 것이다. 그래서 "임금의 직책은 하늘을 대신해 만물을 다스리는 것[人君之職 代天理物]"인 바, 임금은 하늘의 원리를 궁구해 하늘이 맡긴 백성들을 잘살게 해야 한다고 말했다. 주야 측후기(晝夜測候器)인 '일성정시의(日星定時儀)' 같은 "하늘을 관찰하는 그릇"을 만들고, 정확한 강우량을 측정하기 위해 쇠그릇 또는 자기(磁器)나 와기(瓦器)로 측우기(測雨器)를 만들어 전국에 보내 "후일의 참고에 전거(典據)로 삼게" 한 것도 그런 노력의 일부였다.

백성들에게 시간이라는 고급정보를 주어서 수준을 끌어올리는 것, 그래서 국격(國格)을 높이고자 했던 세종에게서 지도자의 깊은 생각을 읽는다.

유시이식 有時而息

때로 휴식이 필요하다

"백성은 오랫동안 일하고 휴식하지 않으면 그 힘이 쇠하게 되고, 오랫동안 휴식하고 일하지 않으면 그 뜻이 음탕하게 된다. 백성은 때로 일하다가 때로 휴식을 취해야 한다."

民久勞苦而不休息 則其力憊 久休息而不勞苦 則其志逸 民必有時而勞 有時而息

• **《세종실록》 재위 17년 8월 11일**

유시이식(有時而息)이란 '때때로 휴식을 취한다'는 뜻이다. 앞의 촌음무광이 일하는 시간을 헛되게 보내지 말라는 것인 데 비해, 유시이식은 쉬는 시간을 적절히 안배하라는 이야기다.

제시된 인용문은 1435년의 가을, 세종이 백성들에게 휴식을 주라며 한 말이다. 재위 17년째인 그해는 그나마 가을걷이가 괜찮은 편이었다. 그래서 공조판서 성억이 술로 인한 곡식의 허비를 막기 위해 엄한 금주령을 내려야 한다고 말했다. 하지만 이에 대해 세종은 "경작하는 일을 마치고 새 곡식이 처음 익어, 사람들이 한가한 날을 얻어 술을 마시면서 서로 즐거워하는 것은 평민들의 정상적인 태도"라고 했다. 그러는 한편으로, 지나치게 술에 취하지 않으면서도 평민들의 마음을 위로할 방안을 찾아보라고 했다.

제시된 인용문은 그로부터 이틀 뒤에 세종이 한 말이다. 너무 일만 하면 힘이 쇠해져서 백성을 버리게 된다는 뜻이다. 세종은 이어서 다음과 같이 말한다.

"지금 생각해보면, 그때(공자와 자공이 대화 나누던 때)는 풍년이 들고 백성의 생활이 넉넉했다. 그런 까닭에 농민의 술 마시는 즐거움에 대해 공자께서는 '한 번 늦추는 도리에 합한다'라고 했다. 그러나 지금은 해마다 풍년이 들지 않아서 백성의 생계가 고생이 되고, 온갖 방법으로 진휼(賑恤)하여 겨우 죽음을 면하게 되었다."

세종의 말은 계속된다. "어리석은 백성이 추수기를 당하여 벼가 겨우 익자마자 뒷날의 근심을 돌아보지도 아니하고 곡식을 남김없이 소비하여 떼 지어 술을 마신다. 그러고는 다음해 봄이 되면 굶주리게 되는 폐단이 반복된다. 이는 실로 국가의 근심이다. 지금은 공자의 때와 같지 않음이 명백하다. 그런 까닭으로 서울과 지방에 술을 금하는 법령을 만들어 상시로 고찰하도록 했다. 그러나 세력이 있고 교활한 무리는 농사일에 힘쓰지 아니하고 술과 안주를 많이 준비하여 보통으로 떼 지어 마시는데도 교묘히 법망(法網)을 피하여 징계를 당하지 아니한다."

지나친 낭비를 막기 위해 술을 금지하는 법안을 만들었던 것인데, 실제로 문제가 되는 자들은 단속하지 못하고 오히려 백성을 해치는 빌미가 되고 있다는 게 세종의 지적이었다. "시골구석의 빈약한 백성들은 봄에 밭 갈고 여름에 김매어 몸에 땀이 배고 발에 흙이 묻어 한 해 동안 힘들게 일하다가, 다행히 한가한 날을 만나 겨우 맛없는 술과 푸성귀의 안주를 준비하여 그 노고를 풀려고 한다. 이런 사람이 도리어 법에 걸려서 잡혀 와 매를 맞게 되니, 내가 차마 보지 못할 일이다"라고 말했다.

세종의 이 말은 공자와 자공의 대화를 염두에 두고 한 말이다. 옛날에 자공이 백성들의 연말 축제를 보고 못마땅하게 여겼다.

그런 그에게 공자는 지나친 휴식도 문제가 있고, 또 휴식 없는 노동만 계속해도 곤란하다면서 이렇게 말했다.

"당겼다가 늦추지 않는 것은 문왕과 무왕도 할 수 없으며, 늦추었다가 당기지 않은 것은 문왕과 무왕도 하지 않았으니, 한 번 당겼다가 한 번 늦추는 것이야말로 문왕·무왕의 도(道)이다[一張一弛 文武之道也]."

세종은 공자의 이 말을 인용하면서 "이제부터 세력이 있는 사람으로 하여금 술에 빠져 방종하지 못하도록 하고, 빈약한 사람으로 하여금 법령에 걸리지 않도록 하며 (…) 노고하고 안일함이 적당하게 될 방안을 헤아려 결정하여 아뢰라"고 지시했다.

농민들이 맛보는 잠깐의 휴식과 기쁨을 빼앗지 않도록 배려하되, 그것을 빌미로 세력 있는 자들이 방종하지 않도록 방안을 마련하라는 세종의 이 말은 일과 휴식 사이에 중용의 길이 무엇일까를 생각하게 한다. 긴장해서 일에 매진하는 것[張]과 마음을 느슨하게 하여 쉬는 것[弛]을 잘 조절해야 하겠다.

성심적솔 誠心迪率

정성스런 마음으로 앞장서서 행하라

"위에 있는 사람이 성심으로 인도하고 솔선수범하여 이끌지 않는다면 어찌 백성들이 자기 일에 힘써 노력하겠는가?"

不有上之人誠心迪率 安能使民勤力趨本

• 《세종실록》 재위 26년 윤7월 25일

성심적솔(誠心迪率)이란 '성심으로 앞장서서[迪] 행하라[率]'는 말로, 정성스런 마음으로 솔선수범하라는 뜻이다.

나는 매년 연말에 〈교수신문〉에서 주관하는 한 해의 의미를 대표하는 사자성어를 추천하고 있다. 그동안 선정된 사자성어를 보니 "지록위마"(指鹿爲馬: 2014년, 사슴을 가리켜 말이라고 일컫는 것으로, 고의적으로 옳고 그름을 바꾸는 우리 사회의 자화상을 지칭), "도행역시"(倒行逆施: 2013년, 순리를 거슬러 행동한다는 것으로, 잘못된 길을 고집하거나 시대착오적으로 나쁜 일을 꾀하는 풍토를 비유), "거세개탁"(擧世皆濁: 2012년, 온 세상이 혼탁하다는 것으로, 홀로 맑게 깨어있기가 쉽지 않고, 깨어있다고 해도 세상과 화합하기 힘들다는 뜻) 등이 있었다.

한마디로 교수들은 거짓을 사실이라고 왜곡하는 시민사회, 순리를 거슬러 자신의 정치적 목표 달성에 급급하는 정치권, 부정과 비리로 얼룩진 공직사회에서 우리가 살아가고 있다고 진단하고 있었다. "당동벌이"(黨同伐異: 한 무리에 속한 사람들이 다른 무리의 사람을 무조건 배격함)하고, "상화하택"(上火下澤: 위에는 불, 아래에는 못. 불이 위에 놓이고 못이 아래에 놓인 모습으로 사물들이 서로 이반하고 분열함)하며, "엄이도종(掩耳盜鐘: 귀를 막고 종을 훔친다는 것으로, 나쁜 일을 하고 남의 비난을 듣기 싫어서 귀를 막지만 소용이 없음)하는 나라에서 최근 몇 년 간을 살아온 셈이다.

동양고전에서 출처를 찾다보니, 대체로 어려운 한자에 낯선 용어가 많았다. 일반 시민이 아니라 대학과 교수 사회의 문제점을 가리키는 말들도 있었다. 그래서 나는 매년 우리나라 고전, 즉 《세종실록》이나 《정조실록》에서 한 해를 반성하는 어휘를 선별해왔다. 예컨대 2014년의 경우 "불상유통(不相流通)"이라는 '서로 소통되지 않는다'는 《훈민정음 어제서문》의 한 구절을 대표 어휘로 꼽았다. 대통령과 국민들 사이에, 정부 부처 사이에, 또한 국민들 사이에도 소통되지 않은 채로, '세월호 참사' 같은 나라의 큰 슬픔에 대해 발만 동동거린 시간이 많았기 때문이다.

리더십의 관점에서 볼 때 최근 몇 년의 대한민국은 '치공미효(治功未效)'의 나라이다. 이 말은 순조시대(1800~1834)의 지식인 김이교가 올린 상소에 나오는데, 홍문관 부제학 김이교는 국왕 순조의 정치는 "다스린 공로가 막연하여 효과가 없고, 금일에 이르러서는 갖가지 법도가 해이되거나 폐지되고 국사가 한심스러워 수습할 수 없는" 상황이라고 지적했다. 그 이유에 대해서 그는 '아랫사람들의 진언(進言)을 전혀 받아들이지 않는' 국왕 순조의 '불통의 정치'를 들었다. "한마디라도 논란하고 연구하여 그 결과를 따져 본 적이 없는[未嘗有一言之質難紬繹]" 국왕의 불성실한 태도로 인하여(《순조실록》 10/11/21) 경주김씨, 안동김씨, 풍양조씨 등 외척 세도가들이 이권을 좌우지하고 있다는 비판이었다.

정성스런
마음으로
앞장서서
행하라
세종말씀

그 결과는 순조 정권 중반부터 나타나는 계속되는 민란, 즉 1811년 홍경래난을 비롯해, 황해민란과 제주민란 등 '민란의 도미노 현상'이었다.

지도자의 위치에 있는 사람에게 '다스림의 공효(功效)가 없다'는 지적처럼 치욕스런 말은 없을 것이다. 도대체 어떻게 해야 할까?《세종실록》을 다시 펼쳤다. 세종 재위 후반부에 내린 권농(勸農)교서 한 대목이 눈에 띄었다. "나라는 백성을 근본으로 삼고, 백성은 먹는 것으로 하늘을 삼는다"면서 세종은 백성의 '밥 문제' 해결은 나라 다스리는 자의 큰 사명[大命]이요, 국가에서 가장 먼저 힘써야 할 일이라고 강조했다. 그런데 중요한 것은 그 '힘쓰는 방법'인데, 이에 대해서 세종은 "위에 있는 사람들이 성심(誠心)으로 앞장서서 행하는 것"[有上之人 誠心迪率]이라고 강조했다(《세종실록》26/윤7/25).

성심적솔(誠心迪率), 이 말은 리더십을 가리키는 대표적인 세종 어록이다. 지도자가 정성스런 마음으로 솔선수범하면, 백성들도 자기가 맡은 일[本]에 힘써 노력하면서 따를 것[趨]이라는 게 세종의 생각이었다. 인상적인 것은 세종이 이 권농교서에서 '밥 문제'의 획기적인 해결을 위해 마련한《농사직설》속 선진농업 기술의 전파 방법이다. "누구든 나와 함께 착한 정치를 같이 하려는 자들은 내가 위임한 뜻을 본받아서, 조종(祖宗)께서 백성에게 후하게 하셨던 전통을 준수(遵守)하고, 이전의 어진 사람들[前賢]들이 농사를 권과(勸課)한 규범을 보며, 널리 그 지방의 풍토에 마땅한 것을 널리 묻되, 농서를 참고하라. 시기에 앞서서 미리 조치하되 너무 이르게도 말고 너무 늦게도 하지 말라"는 말이 그것이다.

여기를 보면 위에 있는 사람, 즉 지도자는 ① 백성에게 후하게 하셨던 전통을 따르고[遵祖宗厚民之典], ② 그 전 사람들의 성공사례를 살피며[視前賢課農之規], ③ 그 지방의 풍토에 적합한 것을 널리 물어보고[廣詢風土所宜] ④ 선진농업기술을 참작하여[參以農書所載] 실행하면 성공할 수 있다. 구성원들을 이롭게 하는 것이 우선이라는 원칙, 성공사례와 현지상황의 정밀한 조사, 새로운 기술 내지 변화된 상황에 맞는 혁신기술의 도입 등이 그 구체적인 성공비결인 것이다. 그런데 가장 중요한 것은 지도자들이 먼저 솔선수범하는 것이다. "각자 자신의 마음을 다하여 백성들로 하여금 근본에 힘쓰도록 인도하는 자세[各盡乃心 導民務本]"야말로 성심적솔(誠心迪率)의 핵심 조건인 것이다(《세종실록》26/윤7/25).

가까이는 대한민국 정치가 공효를 내지 못하고, 더 거슬러 올라가면 순조정권이 세도정치라는 '암흑기'로 평가되는 이유는 무엇일까? 세종이 강조한 '성심적솔'이란 네 글자 속에 그 원인과 해법을 함께 찾을 수 있지 않을까? 앞으로는 대통령부터 모든 지도자들이 백성 이롭게 하는 후민지전(厚民之典)의 정치, 풍토소의(風土所宜)의 현장 경영, 그리고 변화와 혁신의 참이농서(參以農書)의 리더십을 발휘하는 소식을 자주 듣기를 소망한다.

후일지효 後日之效

미래를 대비하는 리더십

"큰일을 이루려 할 때 처음에는 비록 순조롭지 못하더라도, 후일 그 공효는 틀림없이 창대할 것이다."

成大事者 其初必有不諧之事 後日之效 必可望也

• 《세종실록》 재위 19년 8월 6일

후일지효(後日之效)란 '훗날의 효과'라는 뜻이다.

세종 재위 19년째인 1437년 8월은 무던히도 힘든 때였다. 4년 전인 1433년 겨울부터 시작된 함경도 사민(徙民), 즉 3,200여 호를 두만강 경계선까지 세 차례 집단 이주했으나(《세종실록》 15/11/21, 16/5/8, 17/6/4), 백성들의 저항은 만만치 않았다. 남쪽 지역의 백성들은 이주를 꺼려 미리부터 '빈약한 체'하거나 자살하면서까지 사민정책을 반대했다.

그뿐 아니었다. 1차 파저강 토벌(재위 15년)의 성과에도 불구하고, 여진족들은 틈만 나면 변경을 침입해 약탈(《세종실록》 17/1/18, 17/7/16, 18/5/23)하거나 읍성을 포위하는(《세종실록》 18/10/3) 등 조선을 괴롭혔다. 특히 재위 18년 10월 3일 경원읍성 포위 사건과 19년 5월 6일 조명간구자 침입 사건은 각각 동북방의 '왕조발흥지'와 서북방의 '최전방기지'에 대한 위협이란 점에서 심각한 도전이었다.

이처럼 북방영토개척 사업이 난관에 부닥치자, 또 다시 '용성후퇴론' 즉 두만강 인근의 경원부에 설치된 임시 치소를 한참 아래인 용성(龍城, 지금의 원산)까지 후퇴시켜야 한다는 주장이 제기되었다. 이에 대해 세종은 경원과 회령을 우리 영토로 삼은 것은 태조와 태종 등 '조종께서 하신 일'이라고 반박했다. 국정을 결정하는 데 가장 중요한 해석의 근거의 하나인 '조종지법(祖宗之法)'

을 들어 변경후퇴론을 일축한 것이다.

하지만 현상유지론도 만만치 않았다. 신하들은 '오랑캐는 오면 어루만지고 가면 쫓지 않는다'는 논리를 내세우며 불필요하게 오랑캐를 자극하지 말 것을 주문했다. 현상유지론을 주장했다. 그러자 세종은 현지 책임자인 김종서에게 편지를 썼다. 실록을 보면 "임금이 친히 내전(침전인 강녕전)에서 글월을 만들고, 동궁(세자)으로 하여금 이를 쓰게 하여, 환관에게 주어서 김종서에게 보냈다"라고 되어 있다. 세종께서 글의 내용을 구상하여 구술하면[上親爲文] 세자가 받아 적은 것인데[東宮書之], 그 내용이 바로 위의 인용문이다(《세종실록》 19/8/6).

1,831자의 한자(원고지 28매의 번역문)의 장문의 편지의 요지는 '지금은 어려움이 많지만, 마침내 좋은 성과를 거두지 않겠는가?'라는 동의를 요하는 질문이었다. 이 편지를 김종서 역시 손수 글월을 써서 밀봉하여 답장을 보냈다[密封以啓](《세종실록》 19/8/6). "어찰(御札)을 뵈옵고, 낮이면 읽고 밤이면 생각한 지가 여러 날이 되어, 성상께서 백성을 사랑하시기를 지극히 인자하게 하시고, 나라를 걱정하시기를 장원(長遠)하게 생각하시는 것을 깊이 체득(體得)하여 감격함을 이길 수 없습니다"로 시작되는 김종서의 편지 역시 만만치 않게 길다(한자로 2,617자, 원고지 44매의 번역문).

"빨리 이루는 것을 구하시지 마시고[不求速成], 작은 이익을 귀히 여기시지 마시며[不貴小利], 작은 폐단을 계산하지 마시라[不計小弊]"는 게 그의 답신이었다. 그러면 마침내 "뜬 말[浮言]이 저절로 가라앉고 민심도 자연히 안정될 것[浮言自息 民心自定]"이라는 게 김종서의 화답이었다(《세종실록》 19/8/6).

이 편지를 다 읽은 세종은 즉시 김종서에게 환관 엄자치를 보냈다. 어의(御衣) 한 벌을 내리는 것도 잊지 않았다. "내가 북방의 일에 대해 밤낮으로 염려하였는데, 이제 경의 글월을 보니 가히 걱정이 없겠다"(《세종실록》 19/8/6)라는 격려의 말을 보냈다. 그 결과는 우리가 아는 것처럼, 함경도 지역이 우리 땅이 되었고, 지금의 대한민국 영토가 되는 결정적인 근거가 되었다.

아무리 큰 뜻을 품고, 좋은 일을 추진하다가도 어려움에 직면할 때가 있다. 오해를 하는 사람도 있고, 악의적으로 나쁜 소문을 내는 사람도 있다. 그럴 때 세종의 이 말, '처음엔 순조롭지 못하더라도 결국 좋은 성과를 거두리라'는 '후일지효(後日之效)'를 떠올리면 어떨까?

무엇보다 미래를 대비해 함께 협력하면서 '대사(大事)'를 준비하고, 긴밀하게 현지의 책임자와 소통하면서, 추진했기에 영토의 확장이라는 좋은 성과가 있었음을 기억해야겠다.

世宗의
迪率力

03

인재를 춤추게 한 비밀

임현사능 任賢使能

위임할 인재와 부릴 인재를 구분하라

"어진 사람에게 일을 맡기고 재능 있는 이를 부리며, 나랏일을 도모할 때는 반드시 옛것을 스승 삼았으며, 제도를 밝게 구비해놓았습니다. 그리하여 그물[網]을 들면 그물눈[目]이 저절로 열렸습니다."

任賢使能 事必師古 制度明備 綱擧目張

• 《세종실록》 재위 32년 2월 22일

임현사능(任賢使能)이란 '어진 사람에게 맡기고, 능한 사람을 부린다'는 뜻이다.

옛사람들은 '현능(賢能)한 인재'라는 표현을 사용하곤 했는데, 어진[賢] 인재란 어떤 일을 기획할 수 있는 안목을 가진 사람을 말한다. 이에 비해 유능한[能] 인재는 맡은 일을 성공적으로 완수해내는 재능을 가진 사람이다. 만약 주어진 일만 잘할 수 있는 유능한 인재에게 일을 통째로 맡긴다든가, 기획력에 뛰어난 어진 인재에게 제한된 일만 하게 한다면 결코 좋은 결과를 얻을 수 없을 것이다.

1450년 2월에 세종이 돌아가셨을 때, 신하들은 세종 치세 동안 "왜인(倭人)과 야인(野人)들도 위엄을 두려워하고 덕을 사모한 지 30여 년간에, 백성들은 전쟁하는 것을 보지 못하고 편히 살면서 생업을 즐겼다[島倭野人畏威懷德 三十餘年之間 民不見兵 按堵樂業]"라고 평가했다. 도대체 세종은 어떻게 평화[民不見兵]와 민생의 안정[按堵樂業]이라는 두 마리 토끼를 잡을 수 있었을까?

제시된 인용문이 그 답이다. 여기를 보면 세 가지가 세종 리더십의 비밀임을 알 수 있다. 첫째는 현능한 사람에게 일을 맡기는 인재경영, 둘째는 과거의 경험을 토대로 국사(國事)를 기획하는 지식경영, 셋째는 현능한 인재들이 과거 경험을 토대로 스스로 일하게 하는 제도의 정비, 즉 시스템경영이다.

任賢使能

임현사능
위임할 인재와 부릴 인재를 구분하라

여기서 먼저 주목되는 것은 '임현사능'이라는 그의 인재경영이다. 이 말은 원래 맹자가 한 말이다. 맹자에 따르면 사람 쓰기를 잘하는 왕은 "현자(賢者)를 높이고 재능이 있는 자를 부려서 준걸(俊傑)들이 지위에 있게[尊賢使能 俊傑在位]" 하는 사람이다. 이때 준걸은 재주와 덕이 보통 사람보다 특이한 자를 가리킨다.

그러면 어떻게 해야 준걸, 즉 최고 인재가 제 역량을 잘 발휘할 수 있을까?

맹자는 '믿고 맡기는 것'이 중요하다고 강조한다. 그는 제선왕(齊宣王)에게 다음과 같이 말했다.

"큰 집을 지으려고 하면 반드시 우두머리 공장(工匠)으로 하여금 큰 나무를 구하게 하실 것입니다. 우두머리 공장이 큰 나무를 얻으면 왕은 기뻐하여, 그 임무를 감당할 수 있다고 여기실 것입니다. 그런데 장인(匠人)들이 나무를 깎아서 작게 만들면 왕은 노하여 그 임무를 감당할 수 없다고 여기실 것입니다. 사람이 어려서 배우는 것은 장성해서 그것을 행하고자 함입니다. 그런데 왕께서 우선 네가 배운 것을 버리고 나를 따르라 하신다면 어떠하시겠습니까?"

세종은 그의 인재들이 장차 행하고자 하는 바[壯而欲行之], 즉 그들의 비전을 발견하고 거기에 힘을 실어주곤 했다. 장영실이 그 대표적인 예다. 노비 신분의 장영실이 자신의 탁월한 손재주로 "만대에 이어 전할 기물[萬世相傳之器]"을 만들고 싶어 했을 때, 그 일을 "오로지 주장하게[專掌]" 하여 최고의 성과를 내게 했다. 1434년(세종 16년)에 자격루가 완성되었을 때, 세종은 "비록 나의 가르침을 받아서 했지마는, 만약 이 사람이 아니었더라면 도저히 만들어내지 못했을 것"이라며 장영실을 치하했다.

세종은 결코 그의 인재들에게 "우선 네가 배운 것을 버리고 나를 따르라[姑舍汝所學 而從我]"라고 말하지 않았다. 그 대신에 "경을 믿는다. 경의 재량껏 해보라"라고 했다는 사실을 기억해야겠다.

무기인야 無棄人也

천하에 버릴 사람은 없다

"옛날 제왕들은 모두 맹인을 악사로 삼아서 거문고 타면서 시를 읊는[絃誦] 임무를 맡겼으니, 그들은 눈이 없어도 소리를 잘 살피기 때문입니다. 또한 세상에 버릴 사람은 없습니다."

古先帝王皆用瞽者 以爲樂師 委之絃誦之任, 以其無目而審於音 且以天下無棄人也

• 《세종실록》 재위 13년 12월 25일

무기인야(無棄人也)란 '버릴 사람은 없다'는 뜻이다. 제시된 인용문은 세종 시대의 음악(행정)가인 난계 박연의 상언 내용이다. 박연은 여기서 장애인 음악가들이 "이미 시대에 쓰임이 되고 있는바[旣爲時用] 국가에서 그들을 돌보는 것은 당연하다"고 주장한다. 박연에 따르면, "관현의 음악을 맡은 맹인은 모두 외롭고 가난하여도 호소할 데가 없는 사람들[孤寒貧窮無告之人]"인데, 관현악을 익히는 일이 고생스러워서 젊은 맹인들이 모두 점치는 일[卜筮]로 몰려가고 있었다. 그러다 보니 국가 행사 등에 꼭 필요한 음악 연주자가 점점 줄어들어서 장차 맹인 음악은 끊어지고 말 것이라고 우려했다.

박연은 음악 관장기관인 관습도감(慣習都鑑) 소속 맹인 음악가들에게 정기적인 급여 외에도 쌀을 특별히 내려주어서 "권려(勸勵)하고 흥기시킬 것"을 제안했다. 특히 그들에게 관직을 제수해야 한다고 주장했는데, 그러지 않으면 맹인 음악가들은 "이른바 세상의 버린 사람[所謂天下之棄人]"이 될 것이라는 것이 박연의 생각이었다.

관습도감 소속 맹인 음악가 중에서 오랫동안 공연해온 자는 동반 5품 이상의 검직(檢職: 실무는 맡지 않고 이름만 가지고 있는 직책)에 제수하고, 나이 젊고 총명하면서 여러 음악을 연주할 수 있는 자에게는 처음에 7품 검직을 제수했다가, 나중에 익숙하게 연주하게 되면 종6품의 참직(參職), 즉 임금에게 국무(國務)를 아뢰는 데 참여할 수 있는 벼슬을 주자고 말했다. 맹인 음악가를 양성하여 국가에 기여하게 하고, 본인은 물론 자손들에게도 벼슬길을 열어주자는 파격적인 제안이었다.

세종은 이 제안을 받아들였다. 세종은 맹인 음악가뿐만 아니라 나라에서 가장 힘없는 사람들, 즉 "환과고독(鰥寡孤獨)과 노쇠한 자[疲老]와 폐질(癈疾) 환자들은 왕자(王者)의 정치에서 마땅히 불쌍히 여겨야 할 바"라면서, 그들의 복지에 각별히 관심을 기울였다. 기근 때는 특히 서울과 지방의 관리들에게 두루 자세히 살펴서 굶지 않고 처소를 잃지 않도록 더욱 마음 쓸 것을 지시했다. 불구자(不具者)에게는 병역을 면제해주는가 하면, 그들을 봉양할 장정 한 사람씩을 붙여주라고 지시했다.

앞의 상언에서 주목할 것은 박연이 맹인 음악가를 불쌍히 여겨서가 아니라 "시대에 쓰임이 있기" 때문에 그들에게 관직을 주고 미래를 열어주어야 한다고 주장했다는 점이다. 그는 장님들이 앞을 보지 못하지만 "소리를 살피는 데 뛰어나기" 때문에, 예로부터 거문고를 타면서 시를 읊는[絃誦] 임무를 그들에게 맡겼다고 말한다. 무엇보다 중요한 것은 "세상에 버릴 사람은 없다"라는 그의 말이다.

최근 한 연구자는 "장애인과 비장애인을 구분지어 특별히 장애인을 차별하기 시작한 것은 오히려 근·현대에 이르러서이다. 과거의 장애인은 비록 과학기술이 발달하지 못해 몸은 좀 불편했을지라도, 장애에 대한 편견은 훨씬 덜하여 사회에서 비교적 자유롭게 살아갔다"라고 밝혔다(정창권 2011, 32). 서양의 플라톤이나 아리스토텔레스가 "장애아를 사회에서 격리하고" "기르지 못하도록 법을 제정할 것"을 주장한 것에 비교하면, 파격적인 사회적 인식과 복지제도가 아닐 수 없다.

그 결과, 장애를 가진 많은 사람이 음악가 등 전문가가 되거나 정승·판서의 책무를 맡아 소임을 다했다. 세종 때 이조판서를 거쳐 정승까지 지낸 허조는 "어깨와 등이 구부러져 있었던[肩背傴僂]" 장애인이었으며, 중종 때의 우의정 권균은 "간질(癎疾)로 해마다 침 맞고 뜸 뜨면서" 근무했다. 사실 세종 자신도 재위 23년이 되면서 "두 눈이 흐릿하고 깔깔하고 아파서, 지팡이에 의지하지 않고는 걷기가 어려울" 정도의 시각 장애를 앓았다.

정신질환을 "심질(心疾)"이라고 부르는 것에서 보듯이, 조선 시대 사람들은 장애를 단지 몸이 불편한 사람으로 간주할 뿐 그 이상도 이하도 아니라고 여겼음을 잘 알 수 있다.

여지소의 予之所倚

너를 믿는다는 한마디가 사람을 바꿔놓는다

"돌아보건대, 그렇게 많던 여러 대신이 점차로 새벽 하늘의 별처럼 드물어지고, 오직 한 사람의 늙은 재상만이 의젓이 높은 산처럼 우뚝 솟아, 시정(時政)을 모아 잡아주는 인망(人望)[揆時之望]으로서, 공이 아니면 그 누구이겠는가. (…) 일반 규정에 구애되어 벼슬을 물러난다면, 나는 누구를 의지하겠는가."

豈拘常規以致仕 (…) 予之所倚者誰歟

• **《세종실록》 재위 14년 4월 20일**

여지소의(予之所倚)란 '내가 의지하는 바'라는 뜻이다. 1432년(세종 14년) 3월에 황희가 나이 많음을 이유로 사직을 요청했을 때 세종이 한 말이다.

일흔 살이 된 황희는 건강상의 이유와 정년퇴직의 때(조선왕조 관료들의 정년퇴직 연령인 70세)가 되었음을 들어 영의정의 직임을 해면해줄 것을 요청했다. 그는 태종에게 발탁되어 벼슬을 했으나 중간에 벌을 받아 궁촌(窮村)에서 겨우 몸이나 보전하고 있었는데, 세종께서 뜻밖에도 다시 등용하여 능력 밖의 일을 맡게 되었다며, 이제는 그만 수레에서 내려올 수 있게 해달라고 요청했다.

이에 대해서 세종은 "어진 재상의 도움이 있어야만 임금이 어려움을 극복할 수 있다"면서 제시된 인용문과 같이 말했다. 여기서 주목되는 말은 '규시지망(揆時之望)'으로, 시대가 바라는 바를 헤아려 계책을 세우는 능력이라는 의미다. 정승들이 바로 그런 존재이며, 황희가 제격이라는 이야기를 한 것이다. 그야말로 '왜 경을 정년퇴임이라는 일반 규정에 얽매여 해면해줄 수 없는지'에 대한 분명한 세종의 생각이다.

세종은 이처럼 재상 등 중요 관직을 임명할 때, 그 관직은 어떤 자리이며, '경은 어떠어떠한 능력을 가졌기 때문에 이 자리에 적임자이다'라는 임명의 변(辯)을 임명의 명(命)과 같이 내려보내곤 했다.

1436년(세종 18년)에 허조가 사직을 요청했을 때도 마찬가지였다. 세종은 '재상이란 국가의 안위(安危)를 의탁하는 관직'이라면서 '강직하고 정직한 자질로 임금의 실수를 바로잡고 나라 풍속을 진작시키는 일'을 잘하는 허조가 계속 그 일을 맡아주어야 한다고 당부했다.

흥미로운 것은 '여지소의'라는 말이다. "이제 사직하면 경 개인으로서는 좋겠으나, 나는 누구를 의지하란 말인가"라는 세종의 말인데, 이를 통해 세종은 신하들에게 정서적 호소와 함께 공동 책임을 강조한 것으로 보인다.

그런데 실록을 보면, 황희에 대한 평가는 이중적이다. "성실하고 정직한 참 재상"과 "간악한 소인(小人)"이라는 상반된 평가가 있다. 국왕, 즉 태종과 세종에게는 "세상을 다스려 이끌 만한 재주와 실제 쓸 수 있는 학문을 가진 정승"으로 여겨지는데, 당시 신하들은 "심술이 바르지 못해 반대자를 중상하고 뇌물 받기 좋아하는 황금 대사헌"이라 비판하고 있다. 과연 어느 쪽이 황희의 실제 모습일까?

세종 재위 10년에 사관은 황희가 난역을 꾀했던 박포의 아내를 자기 집 북쪽 토굴에 숨겨놓고 간통했다고 적고 있다. 그뿐 아니라 정권을 잡은 여러 해 동안 매관매직하고 형옥(刑獄)을 팔아 재산을 모은 부패한 관리로 평가했다. 그러나 문종 2년에 황희가 죽었을 때 사관은 그를 모함에 빠진 선비를 위해 변론한 용기 있는 관원으로, 강원도 대기근에서 백성을 구해낸 유능한 관리로, 관후하고 침중(沈重)하며 총명이 뛰어난 재상으로 그렸다.

과연 무엇이 '간악한 소인'을 '참 재상'으로 바꿔놓았을까?

첫째, 신분에 구애받지 않고 인재를 발탁해 쓴 태종과 세종의 인재경영이다. 태종은 강릉 부사 황군서의 얼자(孼子), 즉 어머니가 노비인 천출(賤出)의 황희를 도승지로 발탁했고 세종은 그에게 18년간이나 정승직을 맡겼다.

둘째, 황희의 탁월한 사태 파악 능력이다. 국왕 스스로도 가끔 중심을 잃고 헤맬 때가 있는데, 그럴 때 황희를 만나면 모든 것이 분명해졌다고 한다. 황희는 태종에게 일의 우선순위를 말하고 그 자리에 적합한 인재까지 추천하곤 했다. 이 때문에 그를 비판하던 사관들도 "의논하는 것이 다 사리에 맞아 조금도 틀리거나 잘못됨이 없다"고 평가했다.

셋째, 황희의 다양한 인재 발굴 능력이다. 초기에 외직을 전전하면서 그는 궁궐 밖에 버려져 있는 다종다양한 인재들을 만날 수 있었는데, 후에 지신사(知申事: 지금의 대통령 비서실장)가 되었을 때 이들을 적극적으로 천거했다. 건국기 조선의 예제를 정비한 허조, 야인 정벌의 최윤덕, 그리고 물시계를 만든 장영실을 추천한 것도 황희였다. 문종이 "인사업무를 맡은 지 16년 동안 사람을 잘 알아보는 그의 식견[藻鑑]" 덕분에 많은 인재가 발탁되었다고 인정한 것은 바로 그 때문이다. "아홉 번이나 고시(考試)를 관장(管掌)했는데도 모두 선비를 얻었다"는 평가 역시 그가 인재 발탁에 얼마나 힘을 쏟았는지를 보여준다. 때론 청탁을 받은 인물을 천거한 게 아닌가 하는 오해와 비판을 받기도 했다. 그러나 본인 스스로가 대가의 자손이 아니고 높은 학벌을 가진 신료가 아니었던 것에서 알 수 있듯이, "설사 장리(贓吏), 즉 뇌물죄나 횡령죄를 범한 관리의 자손일지라도 진실로 현능하다면 등용"해야 한다고 주장했다.

한마디로 황희가 세종의 신뢰와 보호 덕택에 청백리로 거듭났다면, 세종 역시 황희의 보필로 '동방의 성주(聖主)'가 될 수 있었음을 알 수 있다.

득인위최 得人爲最

인사가 곧 만사다

"정치하는 요체는 인재 얻는 것이 가장 우선이다. 담당자가 그 직무에 적합한 자이면, 모든 일이 다 다스려진다."

爲政之要 得人爲最 官稱其職 則庶事咸治

• 《세종실록》 재위 5년 11월 25일

득인위최(得人爲最)란 '인재 얻는 것이 최우선'이라는 뜻이다. 흔히 말하는 '인사(人事)가 만사(萬事)다'의 다른 표현이다.

세종 시대는 조선이 건국한 지 20여 년밖에 안 된 때여서 인재 얻기가 쉽지 않았다. 물론 언제나 그렇듯, 인재는 도처에 널려 있었다. 그러나 정작 믿고 일을 맡길 만한 인물을 구해 쓰기란 결코 쉬운 일이 아니었다. 조금 쓸 만하다 싶으면 고려왕조에 대한 단심(丹心)을 버리지 못하고 있거나, '왕자의 난' 등으로 이미 숙청되었거나, 그도 아니면 죄를 뒤집어쓰고 있는 경우가 많았다. 이런 상황에서 세종은 어떻게 했을까?

제시된 인용문은 1423년(세종 5년)에 세종이 인사행정을 담당하는 이조에 내린 지시다. "정치하는 요체는 인재 얻는 것이 최우선"이라면서 6품 이상의 문관들에게(무관은 4품 이상에게) 재야의 유능한 사람을 추천하라는 내용이다. 첫째로는 지모(智謨)와 용력이 뛰어나서 가히 변방을 지킬 만한 사람, 둘째로는 공정하고 총명하여 가히 수령직에 대비할 수 있는 사람, 셋째로는 사무에 능숙하고 두뇌가 명석하여 극히 번거로운 자리도 감당할 수 있는 사람이 추천대상이었다. 세종은 이런 사람 세 명을 각각 천거하라고 말했다. 전국에 걸쳐 대대적인 인재 천거 명령을 내린 것이다.

여기서 주목되는 것은 천거할 만한 인물의 조건이다. 지모와

인사가 곧 만사다

세종말씀

용력을 갖춘 장수, 공정하고 총명한 수령 후보, 사무에 능숙하고 두뇌가 명석한 중앙 사무관이 그것이다. 흥미로운 것은 "혹 그 인재를 알기 어렵거든 세 분야에 각기 한 사람씩을 찾을 것 없이 다만 아는 대로 '쓸 만한 사람' 3인을 천거하게 하라"는 세종의 말이다. '단지 쓸 만하다고 생각하는 세 사람을 추천하라[但以所知通擧三人]'라는 말로 천거자의 부담을 덜어준 것이다.

그러나 부담 없이 인재를 추천하라는 왕명은 예상과 달리 큰 반응을 얻지 못했다. 잘못 천거했다가는 처벌을 받게 되기 때문이었다. 당시 서울에서는 한성부가, 지방에서는 감사와 수령이 추천 사무를 담당했다. 그런데 천거된 후보자의 성명 아래에 그를 보증하고 천거한 사람의 수와 공로, 내력을 적게 해서 잘못 천거한 사람은 처벌받게 되어 있었다.

'천거를 잘한 사람에게는 특별한 상을 주자'라는 제안이나, '아예 조정의 대신(大臣) 중에서 천거자를 선정해 비밀리에 천거하게 하자'라는 등의 의견이 제시된 것을 보면 당시 반응 없는 사회 분위기를 알 수 있다.

그러나 3년마다 인재를 추천하게 하는 법제가 마련되고 "어진 이를 흥기시키려는" 세종의 진심이 점차 전달되면서 그런 분위기는 크게 바뀌었다. 좋은 인재를 추천하는 사례 외에 개인적인 부탁을 받고 천거하는 일도 급증했다. 오히려 "천거할 때에 이르면 혹은 부자·형제가 서로 청탁하기도 하고, 혹은 동료·교우(交友)들이 그 친척을 서로 바꾸어 천거하고, 심한 사람은 직접 자기를 청촉(請囑: 부탁)하게 되어 왕왕 실상이 없는 사람에게 유독 천거자가 몰려 웃음거리가 되기도" 했다.

세종은 진정 뛰어난 인재라면 선발 방법에 구애되지 말아야 한다[立賢無方]고 말했다. 실제로 가장 유력한 인재 등용문인 과거제도에 얽매이지 않고 천거제도를 적극적으로 활용하여, 전국 각처에서 다양한 인재를 발탁해서 등용했다. 세종의 그와 같은 '인재 확보[得人]' 방법은 지금도 유효할 것이다.

재가독서 在家讀書

어려운 때가 인재교육에 전념할 때다

"각각 직무로 인하여 아침저녁으로 독서에 전심할 겨를이 없으니, 지금부터는 본전(本殿: 집현전)**에 출근하지 말고 집에서 전심으로 글을 읽어 성과를 나타내도록 하라."**

各緣職事 早暮未暇 專心讀書. 自今勿仕本殿 在家專心讀書 以著成效

• 《세종실록》 재위 8년 12월 11일

재가독서(在家讀書)는 '집에 머무르면서 독서한다'라는 뜻이다. 유명한 사가독서(賜暇讀書)를 시행하라는 세종의 지시가 나타난 실록의 대목이다. 영국의 빅토리아 여왕(1819~1901) 때의 '셰익스피어 휴가(Shakespeare Vacation)'와 비슷한 제도다. 고위 신하들에게 3년에 한 번꼴로 한 달 남짓의 유급 독서 휴가를 주면서 셰익스피어 작품 중 5편을 정독한 뒤 독후감을 제출하도록 했다 하여 그런 이름이 붙었다. 그런데 조선에서 그 제도가 시행된 것은 그보다 400여 년이나 앞선 때였다. 이 시기는 세종 재위 중 가장 어려운 때였다. 중부 지방을 휩쓴 대기근으로 서울과 경기도의 백성들이 남쪽으로 대거 이동한 것이 불과 2~3년 전 일이었다. 전라도에서만 무려 7,138명이 유리걸식한다는 보고 하나만으로도 사태의 심각성을 알 수 있다. 730여 명의 경기도 군인들이 집단으로 근무지를 이탈해서 "해변 방어가 매우 허소(虛疎)하다"라는 보고 역시 위태로운 상황을 여실히 드러낸다(《세종실록》 7/8/18).

무엇보다 이때는 백성들의 저항이 가장 격렬한 시기였다. 정부에서 '조선통보'라는 화폐 사용을 강행하자, 이에 저항하여 "남녀와 어린아이들이 성 위의 솔밭에 올라가 통곡"하는가 하면(《세종실록》 7/6/16), 이상좌라는 갖바치는 자신이 만든 가죽신을 쌀과 바꾸다가 발각되어 벌금형에 처해지자 집 앞 홰나무에 목매달아

죽는 일까지 발생했다(《세종실록》7/8/24).

급기야 한겨울에, 그것도 국왕이 강무훈련을 떠나 있는 사이에 고의적인 방화 사건까지 발생했다. 재위 8년째인 1426년에 '도성 방화 사건'이 일어난 것이다. 도성 여염집의 7분의 1에 해당하는 2,170호가 불에 탔고, 각종 창고는 물론 전옥서와 궁궐의 행랑까지 화염에 휩싸였다. 그야말로 "한양에 국도를 세운 지 33년 만의 가장 큰 재난"(《세종실록》8/2/26)이었던 그 사건이 일어난 지 10개월밖에 지나지 않았다.

상황이 이러하다 보니 유언비어가 판을 쳤다. "왕의 병환이 심각하다"고 하더니(《세종실록》7/3/15), "왕조가 곧 바뀐다"(《세종실록》8/3/20)는 말까지 나왔다. 김용생이라는 전직 관리가 "종묘의 소나무에서 까마귀가 우는 것을 보니 왕조가 곧 바뀔 것"이라는 난언을 퍼뜨리는가 하면, 그때의 도성 방화 사건은 "조말생이 공녕군 이인(李裀)과 짜고서 국왕이 도성을 비운 사이에 일을 도모하려" 한 것이라고 말해서, 당시 뇌물 수수 사건에 대해 조사를 받던 병조판서 조말생과 세종 사이를 이간질하기도 했다.

바로 이러한 위기 상황에서 세종이 한 일은 놀랍게도 인재교육의 기틀을 마련하는 것이었다. 세종은 우선 성균관의 복지시설을 갖추었다. 유생들이 공부하고 잠자는 곳에 온돌을 설치하고 목욕탕을 만들게 하는가 하면, 의사를 상근케 하여 그들의 건강을 돌보게 했다(《세종실록》 7/7/19). 성균관 지원 인력을 증원한 것도 이때였다. 성균관의 행정지원 인력[書吏]을 무려 33퍼센트나 늘린 것이다(《세종실록》 7/6/14).

그뿐만 아니라 귀중한 신간 서적을 하사하여 연구에 참조하도록 했다. 새로 간행한 《입학도설》 등 10여 종의 책을 성균관 사부학당에 내려준 사실이 그 예다(《세종실록》 7/11/2). 이를 토대로 집현전 학사들의 역사 공부를 강화했다. 정인지, 설순, 김빈을 뽑아 집현전에서 역사 공부를 시킨 것도 이때였다(《세종실록》 7/11/29).

이듬해인 재위 8년 세종은 집현전에 사가독서제를 도입하게 했다. 제시된 인용문이 바로 그것이다. 젊고 재능 있는 문신을 선발해서 "경전과 역사를 강론하도록" 했다. 집현전이 싱크탱크의 위상을 차지한 것은 이 시기를 거친 다음부터다. 이후 집현전은 《향약집성방》(《세종실록》 15/6/11)이나 《삼강행실도》(《세종실록》 14/6/9) 등 서적을 편찬하는가 하면, 과거시험(《세종실록》 10/4/23)·공무원 재교육(《세종실록》 12/5/27) 등 제도 개혁 아이디어를 제시했으며, 일식 추산(《세종실록》 16/8/11)과 일영의 관측(《세종실록》 16/10/2) 등 난해한 과제도 거뜬히 수행할 수 있게 되었다(몇 년 뒤의 일이지만 세종은 재위 11년에 성균관의 정원을 개국 초 150명에서 200명으로 대폭 증원했다. 그리고 재위 15년에는 성균관의 교육환경까지 갖추어서 명실공히 국립교육기관으로 자리 잡게 했다).

세종이 최대의 위기 때, 인재교육에 가장 집중적으로 투자했다는 것은 무엇을 의미할까? 그것은 바로 어려울수록 '인력으로 할 수 없는 것', 즉 기근과 같은 외적 환경을 탓하기보다는 '사람이 할 수 있는 것', 즉 인재교육에 집중해야 한다는 것을 말해준다.

불차탁용 不次擢用

뛰어난 인재라면 발탁하여 등용하라

"쓸 만한 인재가 있다면 승진 차례를 무시하고 발탁하여 채용함이 어떠한가."

若其可用之才 不次擢用何如

• 《세종실록》 재위 12년 12월 27일

불차탁용(不次擢用)이란 '승진 차례[次]에 얽매이지 않고 발탁하여 등용한다'라는 뜻이다.

우리 역사에서 가장 유명한 불차탁용의 예는 임진왜란 직전에 이순신을 전라 좌수사로 발탁한 일이다. 종6품의 정읍 현감 이순신이 정3품의 당상관인 전라 좌수사로, 7단계나 뛰어넘어 발탁된 것이다. 선조(宣祖)가 유일하게 잘했던 일로 꼽히는 이순신 불차탁용 뒤에는 인재를 알아보는 눈을 가졌던 유성룡의 역할이 있었다. 유성룡은 이렇게 회고한 바 있다. "내가 장수 될 만한 인재로 이순신을 천거했더니, 정읍 현감에서 차례를 몇 개나 뛰어넘어 수사(水使: 전라 좌수사)로 임명되었다[超拜水使]. 사람들은 그가 갑자기 승진된 것을 의심하기도 했다."(유성룡, 《징비록》)

인재를 순서에 얽매이지 않고 승진시켜 책임지고 일을 이루게 한[不次擢用 以責成效] 사례는 우리 역사에서 얼마든지 있다.

세종 시대만 해도 천민 신분의 장영실을 종3품의 대호군(大護軍)까지 승진시켰고, 아전 출신의 이예(李藝)를 재상급인 동지중추원사(종2품)로 발탁해 중용했다. 유능한 통역사 김하를 첨지중추원사로 발탁한 것도 세종의 인재운용을 잘 보여주는 사례들이다. 태조 시대에 만들어진 규례, 즉 '부임한 지 30개월이 되어야만 종9품부터 정1품까지의 품계(品階)를 하나씩 올려주도록' 정한 규례가 있는데, 그것이 혼란스러워질 수 있다는 지적이 나올 정도였다.

세종은 실제로 불차탁용의 인재 등용을 자주 했다. 위의 인용문이 그 예인데, 이 날의 실록 기사를 보면, 세종은 30개월이 지나야 품계를 올려주는 순자법(循資法)을 지키되, 직무를 주는 것은 품계에 얽매이지 말라고[其職事不拘散官] 지시했다. 오부학당(五部學堂)의 교관(敎官) 중에 생도들을 잘 가르친 경우, 현량(賢良)함이 우월하고 공덕이 출중한 경우, 군공이 뛰어난 경우 등 여러 인재에게 순서를 뛰어넘는 승진 기회를 부여했다.

세종 중반부인 1432년(세종 14년) 실록에 "지금 인재가 매우 왕성하여 정사를 다스릴 인재와 무예에 뛰어난 선비가 상당히 많은바, 다 벼슬하기를 원하고 있다[今人才極盛 治事之才 武藝之士頗多皆願從仕]"라는 언급이 있다. 이는 바로 이러한 열린 인재 등용 방침에 힘입은 것이다.

간행언청 諫行言聽

경청이 인재의 의욕에 불을 지핀다

"하늘과 땅을 우러러보아도 떳떳하여 홀로 부끄러운 것이 없다. 이것은 내 손자가 미칠 바가 아니다. (…) 성상(聖上)께서는 내가 간(諫)하면 행하시고 말하면 들어주셨으니, 지금 죽어도 여한이 없다."

俯仰天地間 浩然獨無愧, 此則非吾孫及也 (…) 聖上 (…) 諫行言聽 死無遺恨

• 《세종실록》 재위 21년 12월 28일

간행언청(諫行言聽)이란 '간언(諫言), 즉 자기주장이 들어 있는 말을 하면 듣고 실행했으며, 말을 하면 끝까지 경청했다'라는 뜻이다.

세종 시대 재상 중에서 황희가 유명한데, 인재경영 부분을 보면 황희 못지않게 허조의 역할이 독특하고도 중요했음을 알 수 있다. 허조는 태종의 신뢰에 힘입어 중용되었는데, 그 때문인지 세종 초년만 해도 그다지 일에 열성을 보이지 않았다. 아마도 세종보다 스물여덟 살이나 연상인 그가 보기에 20대의 청년 군주 세종이 미덥지 못했을 것이다.

그런 허조가 세종을 신뢰하게 된 계기가 있었다. 재위 7년째인 1425년 정월 종묘 춘향대제 때의 일이다. 당시 허조는 이조판서로서 제사를 주관했는데, 술잔을 받들고 뒤로 물러서다가 실수로 종묘의 단상 밑으로 떨어져버렸다. 사람들이 가득 모여 있는 국가 행사장에서 행사 주관자가 실족해서 술잔을 뒤집어쓰고 옷도 엉망이 되는 황당한 일이 발생한 것이다. 그때 세종이 저만치에서 급히 달려와서 "허 판서 다치지 않았는가?"라고 물었다. 꾸짖기는커녕 우선 몸을 다치지 않았는지 살핀 것이다.

허조가 급히 일어나 옷을 털고 단상에 올라 사죄를 드렸다. 그러자 세종은 "사죄할 일이 아니다, 경의 잘못이 아니니. 앞으로 이 단상을 넓혀서 이런 일이 반복되지 않도록 하라"라고 다독여

주었다. 허조의 잘못이 아니라 좁은 단상이 문제라는 발상으로 접근한 것이다. 그로 하여금 무안하지 않게 하려는 배려이기도 했고, 동시에 차후에는 그런 일이 재발하지 않게 하는 조치이기도 했다.

제시된 인용문은 1439년(세종 21년) 12월에 허조가 죽으면서 한 말이다. 고려 말 험난한 시절에 태어나, 나라의 관리로서 내우외환의 고비를 여러 차례 넘긴 재상의 임종 때 모습이다. 그는 "태평한 시대를 만들고 죽으니[沒于太平世] 하늘과 땅을 보아도 부끄럽지 않다"라고 말한다. 평생을 열심히 살아온 사람의 담대한 자부심이 느껴진다. 그가 그렇게 살 수 있었던 것은 성상, 즉 세종이라는 임금을 만났기 때문이라는 말도 인상적이다. '간행언청', 즉 잘못된 것을 지적하면 바로 고치고, 좋은 제언을 하면 경청하여 시행하는 임금이었기에 온 힘을 다해 일할 수 있었고, 이제 '내 이전이나 이후의 세대들도 경험하지 못한 행복한 죽음을 맞게 됨'을 고백하고 있다.

여기서 중요한 것은 '좋은 제안에 귀를 기울이면서, 쓸 만한 말을 꼭 시행하는' 왕의 태도다. 인재들은 자기를 알아주는 사람을 위해 그야말로 목숨을 바친다는 말도 있듯이, 그의 말에 경청하고 좋은 아이디어를 채택해주는 세종을 위해 허조가 열심히 일했음을 알 수 있다. 사실 허조는 어전회의에서 제안된 정책이 잘못될 소지가 있음을 지적하는 일을 자주 했다. 파저강 토벌 과정에서 마지막까지 반대를 계속한 것은 유명한 일화이기도 하다. 그러나 그 덕에 왕을 비롯한 신료들이 '집단적 착각'에 빠지지 않았다.

허조는 "반드시 경조(慶弔)와 문병(問病)을 친히 했다"라고 한다. 오늘날에도 경조사에 일일이 찾아가기가 쉽지 않은데, 허조는 그것을 잘했던 것 같다. 이 때문에 허조가 인사 담당자로서 거의 10여 년간이나 까다롭게 지적하고 때로는 엄히 혼내는 일을 했음에도 사람들은 그를 미워하지 않았다. 실록에 따르면, 그는 "형(兄) 섬기기를 아버지 섬기듯이 하고, 종족(宗族)에게 화목하고, 붕우(朋友)에게 신용이 있었다"라고 한다. 사적인 공간에서 그는 좋은 동생, 좋은 친구였던 듯하다.

그의 죽음을 기록한 《세종실록》의 대목을 보면, 허조는 "국가의 일을 스스로 자기의 일처럼 여겼다[自以國家之事 爲己任]"라고 한다. '비록 이 나라의 임금은 세종이지만 내가 이 나라의 주인'이라는 마음을 갖고 열심히 일한 것이다.

이 말이 비단 허조에게만 해당할까? 김종서, 황희, 최윤덕, 박연 그리고 장영실 역시 모두 그와 비슷한 자세로 자기 일을 했다. 이처럼 모든 사람이 국가의 일을 자신의 일로 여기며 살았기 때문에 세종 시대에 그처럼 많은 업적이 나오지 않았나 생각한다.

하대무인 何代無人

인재를 알아볼 수 있는 눈이 중요하다

"어느 시대인들 사람이 없으랴 했거니와, 지금도 역시 사람은 반드시 있을 것이로되, 다만 알아보고 쓰는 것을 못할 따름이다."

何代無人 今亦必有其人矣, 但不能知而用之耳

• 《세종실록》 재위 20년 4월 28일

하대무인(何代無人)이란 '어느 시대인들 인재가 없으랴'라는 뜻이다. 모든 시대에는 그 시대의 일을 구제할 인재가 반드시 있게 마련이라는 의미다.

위 인용문의 '사람은 있지만 몰라서 못 쓴다'는 말은 인재를 보는 리더의 안목이 얼마나 중요한가를 강조한 것이다. 세종도 집현전 학사들에게 "역대 제왕들의 사람 쓰는 법을 상고해 아뢰라[考歷代帝王用人之法以聞]"라고 지시한 적이 있다(《세종실록》 18/2/30).

인재를 보는 눈의 요체는 '인재의 말'을 놓치지 않는 데 있다. 세종의 명을 받고 집현전 학사들이 편찬한 《치평요람(治平要覽)》에는 주나라 무왕(武王)과 태공망 여상(太公望 呂尚)의 대화가 들어 있다.

무왕이 "어진 이를 등용하고도 나라가 위태롭게 되거나 망하는 일은 무엇 때문입니까?"라고 물었다. 그러자 태공망이 "어진 이를 등용하고도 그 말을 채택하지 않을 경우가 그렇습니다[擧賢而不用]. 이런 경우를 가리켜 어진 이를 등용했다는 이름만 있고, 어진 이의 말을 채택한 실속이 없다 말합니다[有擧賢之名 而不得用賢之實]"라고 대답했다. 진정한 사람 쓰기는 '자리'를 주는 것이 아니라 '말'을 채택해 쓰는 것임을 보여준다.

'말'을 채택하기 위해서는 먼저 인재들로 하여금 입을 열게 해

何代無人

야 한다. "옳은 것을 헌의(獻議)하고 불가(不可)한 것을 중지하게 하는 충성"이 있지 않으면 국운을 융성시키는 일은[永保無疆] 불가능하다는 게 세종의 판단이었다.

세종이 신하들에게 '제발 절실 강직한 말을 해달라'라고 간곡히 요청한 것이 바로 그 때문이었다. 그러나 "한 사람이 옳다고 하면 다 옳다고 말하고, 한 사람이 그르다고 말하면 다 따라서 그르다고 말하는" 복지부동의 분위기를 바꾸기란 결코 쉬운 일이 아니었다.

그도 그럴 것이 세종의 신하들은 대부분 고려 말에 태어나서 여러 차례의 개혁 시도와 좌절, 혁명과 정변을 겪은 사람들이었다. 황희를 예로 들어보자. 그는 1363년생인데, 세 살 때인 1365년에 고려 공민왕이 신돈을 등용해 개혁을 추진했으나 6년 만에 좌절되었다(1371년 신돈 처형). 열두 살 되던 1374년에는 왕이 시해되는 사태까지 발생했다. 그가 문과에 급제하던 1389년(스물다섯 살)은 최영과 우왕의 요동 정벌 시도가 이성계의 위화도회군으로 좌절된 다음 해였고, 1년 사이에 국왕이 세 명이나 교체되었다(우왕 → 창왕 → 공양왕).

조선이 건국된 후로도 개혁을 주도하던 사람들이 '왕자의 난'과 같은 정변을 겪으면서 제거되는 것을 그는 수없이 지켜봤다. 한마디로 무언가 새롭게 해보려 하면 그것이 올무가 되어 형장의 이슬로 사라지게 하곤 하던 시절이었다. 이런 분위기를 바꾸기 위해 세종이 시도한 것이 바로 독서 토론, 즉 경연(經筵)의 활성화였다. 경연이란 왕과 신하들이 한자리에 모여 고전을 읽고 국가의 일을 토론하는 회의를 말한다. 세종이 경연을 중시한 이유는 독특한 회의 형식 때문이다. 회의를 고전 토론으로 시작하게 되어 있어서 신하들은 비교적 덜 껄끄러운 화제로 말문을 열 수 있었다. 그뿐 아니라 단순한 독서 토론으로 끝나지 않고 정책 사안까지 의제가 넓혀질 수 있었다. 경연의 앞부분은 언관들이 이끌어가지만, 재상들도 그 자리에 함께 참석하게 되어 있었다. 한마디로 '말과 일을 엮는' 장점이 있었다.

그런 세종의 노력 덕분에 관료사회에 책 읽는 분위기가 조성되었고, 창의적인 아이디어가 생산되었다. 무엇보다 직언하는 토론 분위기가 조성되었다. 경연에서 가장 많이 등장한 것은 '나라 다스리는 사람들이 취해야 하는 마음과 자세'였다. 처음엔 현실 정치나 왕의 잘잘못을 언급하기를 꺼리던 신하들도 왕이 경연에서 진실한 마음으로 직언을 요청하고 용기 있게 말하는 사람을 칭찬하자 점차 마음의 문을 열기 시작했다.

독서 토론을 통해 인재들의 말문을 여는 것과 그 말들 속에서 국가에 꼭 필요한 말을 놓치지 않고 채택해 시행하려는 자세가 바로 사람 쓰는 비밀임을 알 수 있다.

위임책성 委任責成

인재에게 맡겨 일을 성취케 하라

"어진 이를 구하기 위하여 노력하고, 인재를 얻으면 편안해야 하며, 맡겼으면 의심을 하지 말고, 의심이 있으면 맡기지 말아야 합니다[任則勿疑 疑則勿任]. 전하께서 대신을 선택하여 육조의 장을 삼으신 이상, 책임을 지워 성취토록 하실 것이 마땅하며[委任責成], 몸소 자잘한 일에 관여하여 신하의 할 일까지 하시려고 해서는 아니 됩니다."

勞於求賢, 逸於得人, 任則勿疑, 疑則勿任

• 《세종실록》 재위 1년 1월 11일

위임책성(委任責成)이란 '인재에게 일을 맡겨서 성과를 책임지게 한다'라는 뜻이다. 세종이 왕위에 오른 지 5개월 만인 1419년 정월에 창덕궁 편전에서 논쟁이 벌어졌다. 세종이 즉위하여 신하들에게 맨 처음 한 말이 "함께 의논하자"였던 때문인지, 신하들은 왕 앞에서 때론 지나치다 싶을 정도로 격론을 벌이기도 했다. 이날은 특히 정무회의를 마친 후 왕이 마련한 술상에서 여섯 순배를 나눈 뒤여서 그랬는지 더욱 자유로운 토론이 진행되었다.

의정부 참찬(정2품) 김점이 먼저 말했다. "전하께서 하시는 정사는 마땅히 금상 황제(今上皇帝)의 법도를 따라야 할 줄로 아옵니다." 새로 즉위한 청년 국왕 세종에게 중국 황제를 본받으라는 조언이었다. 명나라의 영락제처럼 친히 죄수도 심문하고 잘못한 신하들에게 벌도 주고 하라는 것이었다. 한마디로 부왕 태종처럼 국왕 중심의 강력한 통치력을 발휘하라는 게 그의 주장이었다.

이에 대해서 예조판서(정2품) 허조가 반대했다. "중국의 법에는 본받을 것도 있고 본받지 못할 것도 있습니다. (…) 관을 두어 직무를 분담시켰으니 각기 맡은 바가 있습니다. 만약 임금이 친히 죄수를 결제하고 일의 크고 작음을 가리지 않는다면, 관을 두어서 무엇하오리까."

그러자 다시 김점이 말했다. "온갖 정사를 전하께서 친히 통찰하시는 것이 당연하옵고[宜自摠覽] 신하에게 맡기시는 것은 부당하옵니다." 김점은 부왕 태종의 장인뻘 되는 사람(김점의 딸이 태종의 후궁인 숙공궁주다)인데, 태종 말년에 북경에 가서 영락제를 만나고 온 기세를 몰아 자신의 주장을 관철하려는 태도였다.

그럼에도 허조는 "그렇지 않습니다"라면서 제시된 인용문과 같이 국왕의 친정(親政)이 아닌 직무의 분담[委任]을, 모방이 아니라 독자적 운영을 주장했다.

예나 지금이나 지도자가 일을 믿고 맡긴다는 것은 쉽지 않은 일이다. 중국 한나라의 제갈공명조차도 그런 실수를 범했다. 제갈공명이 아랫사람의 일에 지나치게 간섭하는 것을 보고 부관 양옹(楊顒)이 말했다.

"앉아서 이치를 살피는 자를 '재상'이라 하고, 일어서서 그것을 행하는 자를 '유사(有司)'라 합니다[坐而論道謂之宰相 起而行之謂之有司]. 그래서 진평(陳平)은 전곡(錢穀)에 관한 내용을 몰랐고, 병길(丙吉)은 싸우다 죽은 것에 대해 묻지 않았던 것입니다."

양옹이 말한 진평은 한나라 고조의 책사이자 창업의 일등공신이었던 인물로, 그가 훗날 좌승상이 되었을 때의 에피소드이다. 한고조가 하루는 그에게 한 해 동안 전곡의 수입과 지출이 얼마나 되는지를 물었다. 그러자 진평은 "그 일은 따로 담당하는 유사가 있습니다"라고 하고는, 구체적인 숫자를 모르는 것에 대해 전혀 개의치 않았다.

또 다른 사례인 병길의 이야기는 이렇다. 한무제 때, 정승인 병길이 길을 가다가 소가 숨을 헐떡이는 것을 보고는 수행하던 하급 관료를 시켜 이유를 물어보게 했다. 하급 관료가 의아해하며 물었다.

"아까는 길에서 싸우다 죽은 사람을 보고도 그냥 지나치시더니, 소가 헐떡이는 것은 어째서 관심을 두십니까?"

그러자 병길이 이렇게 답했다고 한다.

"사람이 죽은 것이야 담당하는 관리가 처리할 일로, 내가 상관할 바가 아니니다. 나의 직분은 재상으로서 나라의 음양(陰陽)을 조화시키는 것이다. 그런데, 한여름도 아닌 철에 소가 헐떡이는 것은 혹시 음양이 조화를 잃은 것이 아닌가 하여 물어본 것이다."

아무튼, 허조의 반론에 대해서 김점이 또다시 비판하는 등 토론이 이어졌는데 세종은 '위임정치론'으로 결론을 내렸다. 임금이 "허조를 옳게 여기고 김점을 그르게 여겼다"는 사관의 기록이 그것이다. 여기서 주목할 것은 중국 황제와 조선 국왕 간 정치운영 방식의 차이다. 김점이 지켜본 것처럼 중국 황제는 강력한 힘을 가지고 대부분의 결정을 직접 내렸다. 이방원이 국왕 중심의 명령 전달 체계인 '육조직계제'를 도입한 것도 그러한 영향이었다. 명나라 주원장의 정치 방식을 따라 한 것이다. 반면 허조는 그러한 정치운영 방식을 따라서는 안 된다고 말하고 있다. 직무를 분담해 신하들을 믿고 맡겨야 한다는 것이었다. 이것은 세종이 정승의 재량권을 넓히는 '의정부 서사제'를 도입하게 된 배경이 되기도 했다.

이러한 군-신-민(君-臣-民) 관계는 최고 권력자의 지방 순행(巡幸)에서도 대조적인 모습으로 나타난다. 예컨대 강희제·건륭제의 순행은 세종이나 정조의 행행(行幸)과 달랐다. 청나라의 강희제와 건륭제는 각각 여섯 번씩 순행을 했는데, 이들의 순행도를 보면 길가의 모든 백성은 "비로 쓴 듯이 청소되어" 있다. 이것은 세종이나 정조가 행행 길에서 직접 백성들을 만나 대화하고, 억울한 일을 들어주는 것과 대조를 이룬다.

한국인이 생각하는 최고 권력자와 백성의 관계는 '물고기와 물'처럼 불가분의 관계였다. 백성과 소통하지 않고 구성원의 신뢰를 잃은 지도자는 그야말로 설 곳이 없다는 '한국형 리더십'의 조건을 여기서도 읽을 수 있다.

수척불피 雖戚不避

인사 담당자의 공정한 자세가 최우선이다

"그 사람이 어진 인재[賢]라면, 비록 친척이라 하더라도 신이 피하지 않습니다. 만일 그 사람이 어리석다면[不肖], 신이 어찌 감히 하늘의 조화(造化)를 가져다가 외람되게 사사로 친한 자에게 주겠습니까."

如其賢也 雖親戚 臣不避嫌. 如其不肖 臣何敢以天之造化 濫加所私乎

• 《세종실록》 재위 21년 12월 28일

수척불피(雖戚不避)란 '비록 친척이지만 피하지 않는다'라는 뜻이다.

허조는 황희와 함께 세종의 정치에서 빼놓을 수 없는 인물이다. 조선 건국의 핵심 인물인 권근(權近)에게 배웠고, 고려 말인 1390년에 문과에 급제했다. 황희의 천거로 태종의 신임을 얻었는데, 태종은 세종에게 왕위를 물려주면서 "이 사람은 나의 주춧돌이다"라고 말했다.

어릴 때부터 몸이 야위어서 어깨와 등이 굽은 듯한 데다가, 깐깐한 업무 처리 방식 탓에 사람들은 그를 "말라깽이 송골매 재상[瘦鷹宰相]"이라 불렀다고 한다. 세종 치세에서 10여 년간 이조판서로 봉직하면서 그는 천거된 인재를 꼼꼼히 검증했다.

실록을 보면 허조의 인재 검증 시스템은 세 단계로 이뤄져 있었다. 어떤 관직에 사람을 임용할 때 그는 먼저 이조의 낭관(郎官)으로 하여금 매우 정밀하게 간택하게 했다[精加揀擇]. 인사 담당 사무관에게 해당 후보자의 경력과 자질, 부패 혐의는 물론이고 그 가족 관계까지 꼼꼼히 살피도록 한 것이다.

다음으로 그는 이조 내부의 관원들이 함께 모인 자리에서 재차 평론에 평론을 거듭하도록 했다[更與評論]. 그리고 마지막으로, 이조 밖의 여론을 들어보았다. 특히 고위 인사의 경우 인사를 주관하는 부서가 '적합 판정'을 내렸음에도 조정 안팎의 여론이 좋지 못할 수도 있기 때문에 반드시 "중의(衆議)가 합한 연후에야 임명하도록[衆議乎同 然後任之]" 했다.

그런데 허조에게는 인재 검증의 3단계, 즉 '간택'과 '평론'과 '중의'라는 절차를 거치는 것보다 더욱 중요한 두 가지 인사 원칙이 있었다.

그 하나는 인사 담당자로서의 공적인 자세다. 세종이 어느 날 허조를 불러서 "경이 사사로이 좋아하는 자를 임용한다고 하는데, 사실이오?" 하고 물었다. 그러자 허조는 제시된 인용문처럼 "진실로 그 말과 같사옵니다. 그 사람이 현재(賢才)라면, 비록 친척이라 하더라도 신이 피혐(避嫌)하지 않고 있사옵니다"라고 당당히 대답했다. 흔히 하듯, 인사 담당자의 형제나 친척이라는 이유만으로 인재를 버리는 것은 공정한 태도가 아니라는 말이다.

다른 하나는 인재를 지키는 일이었다. 허조는 유능한 관직자를 보호하는 것이 인재의 선발 못지않게 중요하다고 보았다. 잘못된 관행을 바로잡거나 국가 정책을 비판하다가 곤경에 처한 관리들을 보면 그는 있는 힘을 다해 구원하곤 했다. '수령고소금지법'을 제안해 법제화한 것도 그였다. 고을 수령의 민사법 판결에 대해 관내 백성들의 고소를 금지한 이 법안은 당시 '퇴보적인' 것으로 비판받았다.

그러나 허조가 보기에 어렵게 선발하여 공들여 기른 인재가 간사한 자들의 모함에 빠져 희생되는 것은 개인의 불행일 뿐만 아니라 중대한 국가적 손실이었다. 그가 사소한 개인의 도덕성 문제를 들어 파면하려는 감찰 관리를 찾아가 "혹시 잘못이 있다 하여도 어찌 급하게 죄줄 수 있겠는가"라고 한 것도 인재를 보호하기 위해서였다.

허조가 세종에게 한 말 중에서 가장 인상적인 것은 '인사(人事)는 곧 하늘의 조화(造化)'라는 말이다. 하늘은 각각 다른 재능을 사람들에게 부여했고, 인사 담당자들은 사람들이 부여받은 재능을 잘 찾아내어 서로 조화롭게 살아가게 하는 책무를 맡았다는 의미다. 따라서 사사로이 친한 자에게 벼슬자리를 주는 것은 그야말로 외람된 짓이며, 하늘의 벌을 받으리라는 뜻이 담겨 있다.

비여난악 非汝難樂

인재의 업적을 인정해주어야 한다

"내가 아니었다면 너는 음악을 만들지 못했을 것이고, 나 역시 네가 아니었다면 음악을 만들기 어려웠을 것이다."

汝非我不能作樂 我非汝亦難作樂

• 《세종실록》 재위 8년 11월 7일

비여난악(非汝難樂)이란 '네가 아니었으면 음악의 성과가 어려웠을 것'이라는 뜻이다. 1478년(성종9년) 경연(經筵)에서 영사 정창손이 음악에 대한 세종의 각별한 노력을 언급하면서 인용한 세종의 말이다.

집현전 학사를 지낸 정창손에 따르면, 세종 때는 아악(雅樂)과 속악(俗樂)이 구분되어 사용되는 등 음악이 바로잡혀 있었는데 요즘은 그렇지 못하다면서 음악의 개혁을 주장했다. 세종이 사망한 지 30년도 안 되어서 음악이 흐트러졌다는 얘기다.

세종은 국가의 각종 행사에 중국 음악을 중심으로 연주하는 것을 반대하고, 중국 음악[唐樂=雅樂]과 우리 음악[鄕樂]을 함께 연주할 것을 강조했다. "우리는 본디 향악(鄕樂)에 익숙한데, 요즘 종묘의 제사에 으레 당악(唐樂)을 먼저 연주하고 겨우 삼헌(三獻)에 가서야 향악을 연주한다. 조상 어른들이 평시에 들으시던 음악을 쓰는 것이 어떨지, 맹사성과 더불어 의논하라"(《세종실록》 7/10/15)고 지시했다.

당악, 즉 중국 음악 위주의 연주는 난계(蘭溪) 박연이 주창했다. 그는 이왕 중국과 문화 경쟁을 시작했으면 악서에 나온 그대로 재현해 우리나라가 문화의 선진국임을 외국의 사신들에게도 당당히 보여줄 수 있어야 한다고 생각했다. 특히 그는 팔관회나 연등회 등을 통해 전해 내려온 불교 계통의 향악의 혁신을 주장했다.

그러나 세종의 생각은 달랐다. "아악은 본래 우리나라 음악이 아니고 중국 음악이다. 중국 사람들은 평소에 늘 그것을 들어서 익숙하기 때문에 제사에 사용하는 것은 당연하다. 하지만 우리나라 사람들이 살아서는 향악을 즐기고 죽어서는 아악을 듣게 되니 도대체 어찌 된 일인가"(《세종실록》12/9/11).

박연은 흔히 중인 음악가로 오해받는 경우가 많은데, 그는 문과에 급제하고 집현전 교리까지 역임한 대표적인 사대부 출신이다. 충청북도 영동(永同)에서 태어난 그가 1411년(태종 11년)에 진사시험에 합격했을 때만 해도 그에게 음악은 멀리 있었다. 조부 박시용(朴時庸)이 일찍이 대제학을 지냈으며 부친 박천석(朴天錫)도 이조판서를 역임한 전형적인 문관 집안에서 나고 자랐기 때문이다. 그런 그가 음악 전문가로 변신한 것은 세종을 만나면서부터였다.

음악에 관하여 "매번 아는 것을 극진히 다 말하곤 하는[反覆開陳 知無不言 言無不盡]" 박연을 어여삐 여긴 세종은, "우리나라가 태평한 때를 맞이했으나 아직도 예악 문물에서 미비한 것이 많다"면서 여러 서책을 내려주곤 했다. 박연은 그러한 세종의 권장에 고무되어서 고례(古禮)와 옛 제도에 따라 조선의 음악을 세계 최고 수준으로 끌어올리기 위해 각종 제안을 올리곤 했다[박연, 《난계선생유고(蘭溪先生遺稿)》 부록 시장(諡狀), 홍계희 찬(撰)]. 세종은 '조선의 음악을 세계 최고 수준으로 끌어올리고' 싶어 하는 그의 비전을 발견하고, 1424년(세종 6년)에 그를 악학별좌로 임명한 뒤 "오로지 음악을 맡아 주관하게[專掌樂事]" 했다.

《연려실기술》을 보면, 세종에게 음악을 위임받은 다음부터 박연은 "앉아서나 누워서나 매양 손을 가슴 밑에 얹어서 악기를 다루는 시늉을 했다"고 한다. 그렇게 입속으로는 율려(律呂) 소리를 짓고 한 지 "십여 년 만에 비로소 (음악에 관한 일을) 이룩했다"라는 것이다(이긍익,《연려실기술》 제3권 세종조 고사본말).

세종은 종종 신하들의 업적을 인정하고 칭찬하곤 했는데, 과학기술 분야의 장영실, 북방 영토경영의 김종서, 그리고 음악 분야의 박연이 그 예다. 박연이 마음속으로 '장차 이루고자 한' 비전을 경청하여 그에게 힘을 실어준 일, 그리고 "경이 아니었으면 음악의 수준을 여기까지 끌어올리지 못했을 것이다"라는 치하와 인정이 15세기 조선을 최고의 문화국가로 끌어올렸다.

선장악단 善長惡短

장점은 오래, 단점은 짧게 기억하라

"어떤 사람에게 잘한 일이 있으면 그 아름다움을 길이 자손에까지 미치게 하고, 악한 사실이 있으면 그 미워함은 그 자신에 그치도록 해야 한다."

善善長 惡惡短

• 《세종실록》 재위 17년 3월 12일

선장악단(善長惡短)이란 '장점은 오래, 단점은 짧게'라는 뜻이다.

세종 시대 인재들 역시 흠을 가지고 있었다. 본인에게 또는 조상에게 흠이 발견되어서 "사람 쓰는 길을 넓히려는[廣用人之路]" 세종의 뜻을 가로막기도 했다. 국립대학 성균관의 교수인 성균사예(司藝: 정4품) 조수(趙須)도 그중 한 명이다.

실록에서 그의 이름이 맨 처음 나온 것은 태종 6년(1406)이다. 그는 당시 윤회와 함께 병조의 관리로 일했는데, 대궐의 수문 갑사(守門甲士)를 허락 없이 때린 죄로 옥에 갇히는가 하면 이웃집과의 불화로 구설에 오르는 등 그리 아름답지 못한 이야기가 계속된다. 조수의 집안이 최대의 위기에 빠진 것은 1410년 '민무구의 옥사' 때 이무(李茂)와 함께 역모죄로 걸려들면서부터였다. 그보다 1년 전인 1409년(태종 9년) 6월에 조수의 아버지 조호(趙瑚)가 어떤 여승에게 "이무 정승은 신채(身彩)가 매우 아름다우니, 왕이 될 만해!"라고 지나가는 말로 한 적이 있다. 그랬는데 '민무구 옥사' 때 이무가 말려들면서, 그의 말이 고발된 것이다.

곧 조호의 아내와 그 아들 조수·조아 등이 투옥되었다. 조호는 감옥에서 역모 혐의로 고문을 받다가 죽었고, 그의 시체는 혜민국 거리에 거열(車裂)되었으며, 아내와 자녀는 관가의 노비가 되었다. 그런데 조호에게서 역모를 꾀했다는 자백을 받지 못한 관리들은 그의 부인을 통해 그것을 밝혀내고자 부인을 다시 잡아들였다.

이렇게 되자 조호의 부인 노씨(盧氏)는 감옥에서 목매어 자살하려 했는데, 옥리가 발견해 죽지는 못했다. 조사를 맡은 관리가 다시 그 남편의 불궤(不軌)한 말, 즉 "이무 정승은 왕이 될 만하다"고 한 발언에 대해 물으니, 그녀는 듣지 못했다고 답했다. 재차 엄하게 형벌을 가하며 묻는 관리에게 그녀는 마침내 부르짖으며 다음과 같이 말했다. "여러분에게도 부부(夫婦)의 정리라는 게 있지 않소? 부부 사이라면 실제로 죄를 지었더라도 서로 숨겨주는 것이 정리(情理)일 것이오. 그런데 하물며 남편이 일찍이 그런 말을 해보지도 않았는데, 내가 그랬다고 말해야 하겠소? 만일 매에 못 이겨 내가 있지도 않았던 일을 사실이라고 증언한다면, 장차 황천(黃泉)에서 남편이 내게 '내가 실제로 말한 적이 없는데, 네가 어째서 증언하여 만들었느냐?' 할 때 내가 뭐라 대답해야 하겠소?"

그녀는 이어서 "지금 일을 묻는 여러 재신(宰臣)에게도 모두 아내가 있으니, 그 아내라면 어떻게 하는 게 옳겠소? 내 가문(家門)은 일찍이 이렇지 않았소!"라고 오히려 관리를 꾸짖었다. 그러자 관리가 부끄러워서 그만두었다.

이렇게 해서 풍비박산된 조호의 집안이 다시 자리를 잡게 된 것은 일차적으로 '민무구 형제의 난'을 진압한 이후 태종이 조수

장점은 오래 단점은 짧게
기억하라 세종말씀

형제를 유배에서 풀어주게 한 때부터다. 조호의 부인도 곧 죄를 용서받았고 가재(家財)와 노비도 돌려받았다. 그런데 평양 조씨 가문이 완전히 복구된 것은 세종 시대에 들어서였다.

조수는 세종 중반부에 《자치통감(資治通鑑)》에 누락된 부분이 많음을 아뢰고, 모친상 중임에도 여흥(驪興: 여주)·지평(砥平) 등지를 돌아다니며 편찬하여 1백 권을 만들었다. 이때 사헌부는 그가 기복중임에도 예를 지키지 않는다며 탄핵했는데, 세종이 그 죄과를 묻지 말라고 말했다. 7일 뒤에 세종은 조수의 《자치통감》 보완 작업이 매우 잘 되었음을 알고 "후학에게 좋은 혜택을 줄 것이 무궁하므로 그에게 직첩을 돌려주고, 인하여 관직을 제수하려 한다"면서 신하들의 의견을 물었다. 그러자 맹사성 등이 위의 인용문처럼, '잘한 일은 오래오래, 잘못한 일은 짧게 기억해야 한다'라고 하여 만장일치로 찬성했다.

2년 뒤에 조수는 유생들의 시험감독과 관련하여 사헌부의 탄핵을 받아 직첩을 빼앗겼다. 이때 유생들을 매우 부지런히 가르친다는 평가와 함께, 결정적으로 집현전 학사들까지 "조수의 마음씨는 비록 착하지 못하나 경서(經書)를 많이 알아서 후생(後生)을 가르칠 만합니다. 그의 허물은 버리고 장점은 취하는 것이 마땅하오니, 직첩을 돌려주어서 교수하는 임무를 그대로 맡기소서"라고 상소할 정도로 신뢰를 받았다. 세종은 "집현전 학사들 모두 사리(事理)를 아는 선비들인데 이와 같이 천거하니, 나는 조수가 진실로 재주 있는 자라 생각한다. 직첩을 도로 주어서 서용하고자 하는데 어떤가"라고 묻자, 황희 등이 모두 "옳다"라고 하여 그는 곧 복직되었다.

한때 역모에 연루된 혐의로 거열형을 받은 자의 자식이라 할지라도 능력이 있으면 발탁해 등용해서 제 능력을 발휘하게 하는 것, 그것이 세종 시대를 '인재의 왕성기'로 만든 비결이다.

관인기소 觀人其小

작은 것 하나로도 됨됨이를 알 수 있다

"사람을 관찰하는 데는 큰 것을 관찰하지 아니하고 작은 것을 관찰하는 것이다. 승지(承旨)의 중한 임무로써 작은 물건을 가지고 마음 쓰는 것이 이와 같으니, 이보다 큰 것이 있다면 장차 어떻겠는가. 비루하다."

觀人不於大而於其小. 以喉舌重任, 當微物而用心如此, 有大於此, 將如何哉? 鄙矣

• 《세종실록》 재위 17년 10월 9일

관인기소(觀人其小)란 '그 작은 것으로 사람을 관찰한다'라는 뜻이다.

작은 일 하는 것을 보면 그 사람의 그릇 크기를 알 수 있다 했다. 세종 시대 사람들 역시 우승지 이견기(李堅基)가 하는 짓을 보고, "비루하다"라면서 이와 같이 말했다. 당시 세종이 여섯 승지(承旨)에게 우구(雨具), 즉 비를 막는 데 쓰는 물건을 나눠주었다. 그런데 이견기가 의정부의 주서(注書) 변상회(邊尙會)에게 몰래 부탁하여 좋은 것을 골라서 자기가 가져갔다. 이를 두고 그 자가 우구보다 큰 것을 대할 때는 어떻겠느냐며 사람의 됨됨이를 미루어 평가했던 것이다. 이 같은 사관의 평가를 보며 새삼 옷깃을 여미게 된다.

세종은 인재를 귀하게 여겼지만, 미워하는 사람도 있었다. 예컨대 지신사, 즉 대통령 비서실장이라는 중요한 관직에 있으면서 간통죄를 저지른 자나, 백성들의 구제 양식을 훔쳐 먹은 수령 등이다. 권한이 큰 자는 그만큼 자기관리에 더욱 엄격해야 하고, 백성들을 굶어 죽게 한 관리는 가중 처벌해야 한다는 것이 세종의 생각이었다. 아부로 임금의 마음을 기쁘게 하려던 관리들도 세종의 신임을 얻지 못했다. 경연에서 당나라의 장수가 당태종에게 아부하는 대목에 이르자 세종은 "예로부터 간사하고 아첨하는 신하가 임금에게 아양으로 기쁘게 하는 모양이 이와 같다. 그러나 그 끝을 잘 보전하는 자가 없었다"라고 비판했다.

세종은 아첨하는 신하를 좋아하지 않았다. 재위 14년 11월에 권홍이라는 사람이 세종이 이룬 치세는 "삼한 이래로 어진 임금과 밝은 왕들이 미처 하지 못했던 일"이라면서, 이처럼 "천 년에 한 번 있는 태평성대"의 일을 "비석에 새겨 영광을 후세에 전해야" 한다고 상소했다. 이 상소를 읽은 세종은 "말이 허황되고 아첨함이 심하다"고 꾸짖었다. 세종이 가장 미워한 자는 거짓말하거나 허위 보고하는 관리였다. 군사훈련을 겸한 사냥인 강무(講武)를 시행하는 도중에 '왕이 아프다'라고 거짓말한 의정부 주서를 망언죄(妄言罪)로 판결하여 의금부에 가두고 90대를 때리게 한 것이 그 예다. 기민을 구제한 숫자를 거짓 보고한 회양부사와 사헌부의 보고를 막고 의사소통구조를 왜곡하려던 환관 전균(田畇) 역시 세종은 크게 꾸짖고 엄히 처벌했다. 보고가 왜곡되면 위에서 적절한 판단을 내리기가 원천적으로 불가하다고 보았기 때문이다. 세종은 "사실대로 보고했다면 무슨 벌 줄 것이 있겠느냐"라고 말했다.

재위 말년인 1447년(세종 29년)의 '이계린 사건'은 세종이 왜 그렇게 거짓말을 경계했는지를 보여준다. 이계린은 고려 말 국가석학 이색의 손자였는데, 당시 대사헌으로 황해도 지역 사람 중에 너무 굶주려서 인육(人肉) 먹는 자가 있다는 말을 왕에게 했다. 깜

짝 놀란 세종이 그 말을 누구에게 들었느냐고 묻자 휘하의 사헌부 관리에게 들었다고 했다. 그러나 조사 결과 사헌부 관리들은 그런 말을 한 적이 없음이 드러났다. 세종이 이 문제를 크게 받아들여 재조사를 지시하자 이계린은 비로소 친척의 종에게서 전해 들었는데 그 발언자를 덮어주려고 대충 얼버무렸다고 실토했다. 거의 3개월간 계속된 '이계린 둔사(遁辭: 거짓으로 꾸며 책임을 면함) 사건'을 마무리하면서 세종은 이렇게 말했다. "이계린은 내가 물어볼 때에는 동료들에게서 들었다 하고, 또 김한에게 들었다는 것으로 말을 하니, 그 꾀가 공교하도다." 대사헌의 자격이 없다는 얘기였다.

당시 신하들 중에는 말한 사람의 출처를 캐묻는 것은 언로를 막는 일이라며 이계린의 처벌을 반대하는 이들이 있었다. 이에 대해 세종은 이들을 향해 '하나만 알고 둘은 모르는 것'이라며 다음과 같이 일침을 놓았다. "선비들이 그 한 가지 폐단만 보고 나머지를 돌아보지 못하는구나[儒者見其一弊 不顧其餘]. 그대들이 한갓 뒷날 언로가 막힐 것만 폐단으로 알지, 거짓을 꾸며 임금을 속이는 마음이 자라서는 안 될 것임을 알지 못하는구나."

거짓으로 윗사람을 속이는 것은 정치의 가장 중요한 요소인 신뢰를 해치는 빌미가 된다. '말 한마디로 나라를 망하게 할 수도 있다'라는 말처럼, 장차 국망의 틈을 만들 수 있기 때문이다.

04

신명 나는 회의

종일토론 終日討論

함께 모여 치열하게 토론하라

"지금부터는 합하여 한 번씩 나아와서 강(講)하게 한 후에, 경연청에 물러가서 종일토록 토론하도록 하소서" 하니 임금이 그 말을 좇고, 또 점심밥을 주도록 명했다.

願自今合爲一番進講後 退于經筵廳 終日討論. 上從之 仍命給晝飯

• 《세종실록》 즉위년 12월 17일

종일토론(終日討論)이란 말 그대로 '온종일 토론한다'라는 뜻이다.

세종 시대는 우리 역사상 가장 창조적인 시대였다. 일본의 이토 준타로(伊東俊太郎) 등이 1983년에 편찬한《과학사기술사사전(科學史技術史事典)》을 보면, 세종 재위 기간인 1418년부터 1450년 사이에 세계를 뒤흔들 만한 과학기술 업적, 즉 지금으로 치자면 노벨상을 받을 만한 업적이 무려 21건이나 쏟아져 나왔다. 같은 시기 다른 나라와 비교해보면 독보적인 성과였다. 중국 4건, 일본 0건 그리고 동아시아 이외의 지역, 즉 유럽과 아랍지역을 통틀어 19건이었다. 그야말로 15세기 과학기술 세계 1등의 나라가 세종 시대 조선이었다. 도대체 어떻게 그것이 가능했을까?

제시된 인용문에서 그 실마리를 찾을 수 있다. 세종 즉위년인 1418년에 동지경연사(同知經筵事) 탁신(卓愼)은 세미나식 어전회의인 경연(經筵)의 질적 수준을 끌어올리는 방안으로 두 가지를 제안했다. 하나는 경연관(經筵官)들이 모두 한자리에 모여서 강독하는 것[合爲一番進講]이고, 다른 하나는 경연 후에 다시 경연청에 모여서 종일토록 토론하게 하는[退于經筵廳 終日討論] 것이다.

경연관들을 한자리에 모이게 하라는 것은, 경연에 참석하는 구성원들로 하여금 각자의 업무에 시간을 뺏기지 말고 집중해서 강독에 참여하게 하라는 의미다. 경연관은 정1품 영사(領事: 3정

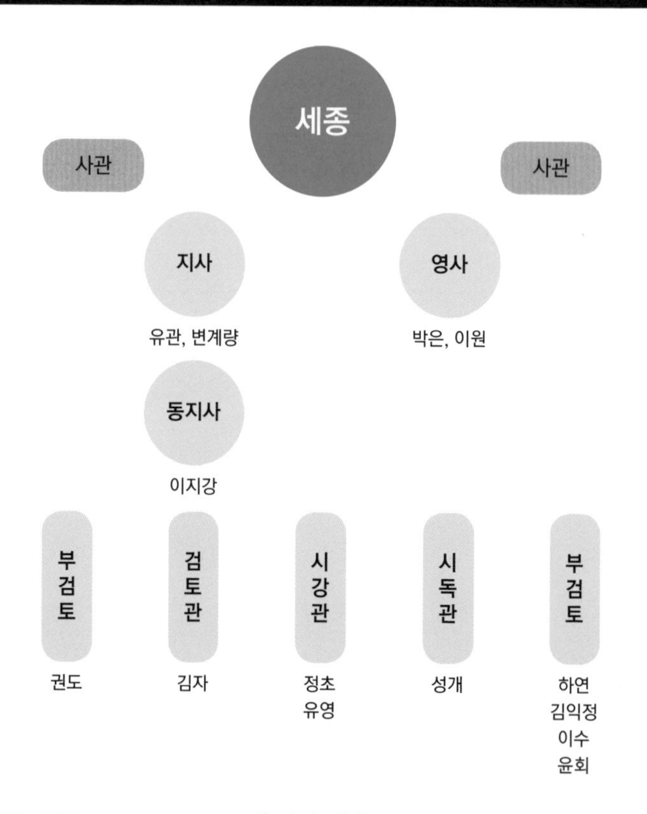

첫 경연 배치도

승)로부터 정9품 전경(典經)에 이르기까지 해당 사안에 대한 다양한 부처의 전문가들로 구성되었다. 북쪽의 국왕 앞에는 사관 2인이 앉았고, 사관들 옆에 좌우로 영사나 지사 등 재상급의 '일 맡은' 고위 관료들이 배석했으며, 맨 남쪽에는 '책의 강독을 맡은'

시독관 등 집현전 학사와 언관들이 앉았다. 한마디로 '일 맡은' 재상과 '독서를 이끄는' 언관들 모두가 한자리에 모여서 토론하게 해달라는 요청이었고, 세종은 그 요청을 받아들였다.

다른 하나의 제안은 왕 앞에서의 경연이 끝난 후 경연관들끼리 경연청에 따로 모여 주어진 문제가 풀릴 때까지 '끝장 토론'을 하게 하자는 제안이었다. 이 제안 역시 세종은 흔쾌히 받아들였고, 나아가 그들에게 점심을 제공하라는 지시까지 했다. 한자리에 모여 식사하면서 충분한 시간을 갖고 집중해서 토론하도록 한 것이다.

이와 관련해 주목되는 것은 아리스토텔레스가 말하는 집단 지혜(group genius)의 발휘 조건이다. 아리스토텔레스는 다른 강점을 가진 사람들이 당면한 공동의 문제를 몰입해서 해결하려 할 때 최선의 결론에 이를 수 있다고 했다. 그러기 위해서는 우선 강점이 다른 여러 사람이 한곳에 모여야(meet together) 하고, 그런 다음에는 그들 사이에 열띤 토론(violent discussion)이 있어야 한다. 서로 다른 강점을 가진 여러 사람이 공통의 목적을 가지고 "함께 모여 열띤 토론을 벌이면 탁월한 한 사람이 내린 그것보다 못하지 않은 결정을 내릴뿐더러, 대체로 더 나은 결정을 내릴 수 있다"는 게 아리스토텔레스의 통찰이다(Aristotle, 《Politics》, Book 3, ch.11).

終日討論

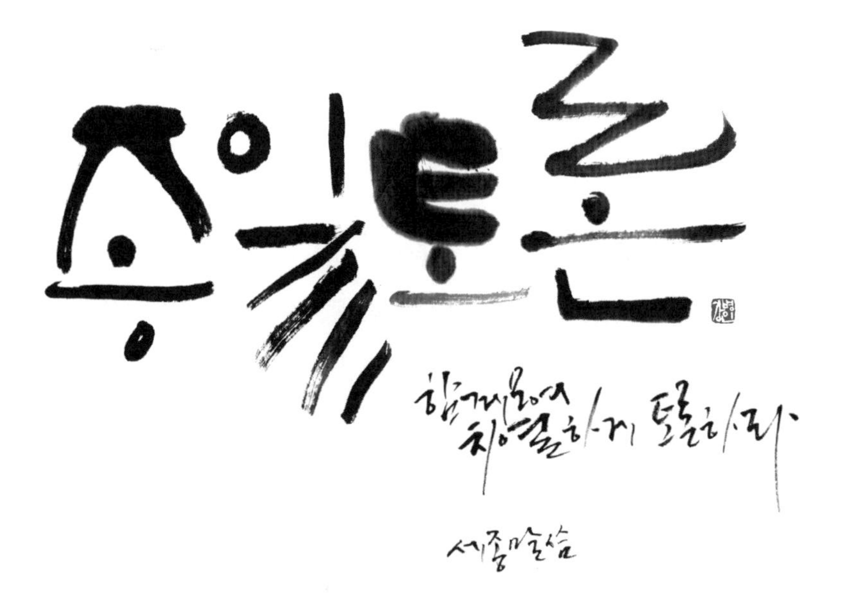
종일토론
함께 모여 치열하게 토론하시라
세종 말씀

아리스토텔레스는 이것을 음식 및 잔치에 비유하고 있다. "다른 식자재를 섞어 넣은 혼합 음식이 소량의 순수한 식자재만 넣은 음식보다 영양이 더 많은 것"처럼, "여러 사람이 돈을 염출해서 연 잔치가 한 사람의 비용으로 개최된 잔치보다 더 훌륭할 수" 있는 것처럼, 다른 강점을 가진 사람들이 당면한 공동의 문제를 몰입해서 해결하려 할 때 최선의 결론에 이를 수 있다는 것이다. 그 결론이 최선인가 아닌가를 좌우하는 것은 궁극적으로 특정의 전문지식보다는 대다수 사람의 감각(sense)과 의견(opinion)인 경우가 대부분이기 때문이다. 그는 "건물에 대한 최종 평가는 건축가가 아니라 그 안에서 생활하게 될 사람들이 내리며," 차려진 음식의 최종 평가자 역시 "요리사가 아니라 손님"이라고 했다. 이 말은 국가나 기업의 리더가 마지막으로 고려해야 할 판단 기준이 무엇인가를 보여준다.

또한 토크빌은 미국 건국 초기 서부로 진출했던 사람들의 이야기로 집단 지혜의 사례를 설명했다. 이른바 '신대륙'에 막 도착했던 그들은 그리 '훌륭한 사람들'이 아니었다. 그러나 그들 모두는 저녁을 먹은 후 통나무집에 모여서 이튿날 어느 방향으로 향할 것인지를 놓고 열띤 토론을 벌였다. 어느 쪽으로 가야 '젖과 꿀이 흐르는 땅'이 나올 것인지, 늪지와 인디언들의 공격을 피할 수 있는 방향은 어디인지에 대해 '사활을 건' 토론을 벌였다. 낮에 인근 지리를 조사한 젊은 사람의 정보와 나이 든 사람들의 경험도 크게 도움이 되었다. 그렇게 각자가 몰입해서 열띤 토론을 벌인 결과, 그들은 최악의 상황을 여러 차례 피할 수 있었다.

세종이 즉위한 후 처음으로 한 말이 "의논하자"였다. 그리고 긴급 사안이 발생했을 때 모두 한자리에 모여[會于一處] 의논하게 하되, 일의 잘된 것과 잘못된 것을 모두 말하게[盡言] 했다. 이는 결국 집단 지혜를 발휘할 조건을 만들고자 하는 노력이 아니었나 생각한다. 경연에서 집단 창의를 이끌어내고, 좋은 의견이 나왔을 때 즉각 힘을 실어주었던 것이 놀라운 창조의 시대를 낳은 게 아닐까.

불가동야 不可動也

신뢰 어린 한마디가 인재를 구한다

"이것은 모두 거짓말이다. 김종서의 공은 크다. 그를 움직일 수는 없다."

是皆妄也 宗瑞之功大矣 不可動也

• 《세종실록》 재위 22년 1월 17일

불가동야(不可動也)란 '흔들거나 움직일 수 없다'라는 뜻이다.

세종의 북방 영토경영에서 빼놓을 수 없는 사람이 김종서다. 세종의 총애를 받았던 김종서는 왕명을 받아 예순한 살의 나이에 함길도(함경도)에 부임한 후 다음과 같은 시를 지었다.

"삭풍은 나무 끝에 불고 / 명월은 눈 속에 찬데 / 만리변성에 일장검 짚고 서서 / 긴 휘파람 큰 한 소리에 / 거칠 것이 없어라."

변방의 지도자로서 중책을 맡은 대장부의 기개가 느껴진다.

김종서는 1405년(태종 5년)에 스물셋의 나이로 문과에 급제했다. 흔히 '김종서 장군'이라고 부르는데, 이는 무관 출신의 장수라는 의미가 아니다. 그가 맡은 책무, 즉 함길도 도절제사라는 군무의 총책임자라는 의미다. 《고려사》를 편찬하고 예조판서를 거친 문신관료 출신이라는 점에서 '판서' 또는 '대감'이라는 호칭이 적합하다. 그런데 세종을 만나기 전의 김종서는 전혀 달랐다. 태종 15년에 그는 궁궐 내 비품의 출납을 담당하는 직장(直長)이었다. 그런데 일을 잘못하여 태장(笞杖)을 맞고 파면당했고, 태종 18년에도 죽산 현감으로서 방축을 제대로 수축하지 않아 또 태형을 받았다. 말하자면 일을 잘못해서 매나 맞고 다니는 별 볼 일 없는 관리였다. 그런 그가 세종을 만나면서 6진을 개척하고 사민

정책을 추진하는 등 국가의 중추적인 인물이 되었다.

김종서가 큰 곤경에 빠진 일이 있었다. 세종 재위 22년 1월에 김종서가 평소와는 다른 어투로 편지를 보냈다. "신자(臣子)가 군부(君父)에게 박절한 일이 있으면 슬피 울면서 간절하게 고하는 것이 이치상 당연한 것이요, 정의상 지극한 것이옵니다." 뭔가 매우 억울하다는 말인데 평소의 그답지 않은 말투였다. 이어서 그는 자신이 함길도에 와서 한 일들을 나열한 뒤에 "그러나 예로부터 일을 이룩하는 신하는 비방과 헐뜯음을 많이 당하는데, 이치와 형편상 그렇게 되는 것이니, 신이 또 무엇을 혐의스러워하겠습니까"라면서 사직을 청했다.

당황한 세종이 도승지 김돈을 불러 "김종서가 어찌하여 이런 말을 하는가. 경도 들은 바가 있는가?"라고 물었다. 그러자 김돈이 사헌부에서 김종서를 탄핵한 일이 있다고 말했다. 즉 홀라온이라는 여진 부족이 김종서의 애기(愛妓)에게 바친 뇌물을 서울에 있는 관리들에게 주었다는 것과, 개척한 지역의 전지(田地)를 주고 빼앗기를 자기 마음대로 한 것, 모친상을 당한 후 기복(起復)해서 진(鎭)으로 돌아갈 때 안변(安邊)에서 기생을 데리고 경성(鏡城)으로 간 것 등이 탄핵 내용이라고 했다.

이어서 김돈은 "그러하오나 김종서는 유학자이옵니다. 기복하여 진(鎭)으로 돌아갈 때는 실로 애통할 때이온데, 어찌 기생을 데리고 갈 리가 있겠습니까? 또한 지난번 교지에 '길주 이북은 군민(軍民)의 일을 모두 도절제사가 마음대로 하라'라고 하셨는데, 그런 교지가 있는 것을 저들이 알지 못하고 말한 것일 것이옵니다. 게다가 김종서가 경성(鏡城)에 있으므로 국경 관문[關塞]까지 거리가 1백여 리나 되는데, 야인이 어떻게 김종서의 기생에게 뇌물을 바치겠습니까?"라고 하여 김종서를 변호해주었다.

여기서 중요한 것은 "김종서는 유학자입니다[宗瑞 儒者也]"라는 말이다. 유학자, 즉 수기(修己)를 중시하는 유학자가 그런 어처구니없는 일을 저질렀을 리가 없다는 뜻이다. 많은 경우, 이처럼 옆에서 거들어주는 말 한마디가 인재를 지켜주기도 하고 버리게도 한다. 그 한마디가 사안의 성격을 전혀 다른 방향으로 규정짓게 하기 때문이다.

세종 역시 이 말을 들은 다음, 제시된 인용문처럼 "이것은 모두 거짓말이다. 김종서의 공은 크다. 그를 움직일 수는 없다"라고 하여 김종서의 입장을 들어주었다. 나아가 과거 고려 때 윤관(尹瓘)이 모함에 빠졌으나 끝까지 국왕에 의해서 보호되었던 사실을 지적했다. "예전에 고려 시중(侍中) 윤관이 북방을 정벌했는데, 조정의 대소 신료들이 온통 그를 죽이기를 청했다. 그때의 임금이 듣지 아니하고 임무를 전담하게 하여서, 그 공을 이룩하게 했다"라는 말이 그것이다.

이와 같은 윤관의 사례를 이야기함과 함께 세종은 그를 모함한 박호문의 경박함을 비판했다. 그의 언어와 행동거지가 간편하고 날카로웠기 때문에 파저강 토벌 때 중용했고, 특히 김종서의 천거를 받아서 회령 절제사로 삼았는데, 그가 오히려 김종서를 모함했다는 것이다.

그런데 흥미로운 부분은 박호문에 대한 세종의 이어지는 언급이다.

"내 생각에는, 김종서는 위력으로 범찰을 제압하려고 하고 박호문은 범찰을 회유하려고 하여서 두 사람의 신조가 같지 아니한 때문"이라면서 그를 크게 처벌하지는 않았다. 박호문에게도 한 가지의 진정성이 있음을 인정한 것이다. 세종은 김종서와 박호문, 두 사람의 신조가 달라서[所尙不同故也], 이런 일이 발생한 것으로 보았다. 즉 한 사람은 위력으로, 다른 한 사람은 포용으로 문제를 해결하려 했던 것이지 선과 악의 문제로 양단해서는 안 된다는 것이었다.

김종서를 대하는 세종의 언행을 보면, 지도자는 휘하의 인물을 어떻게 배려하고 지켜주어야 하는가를 분명히 알 수 있다. 또한 조직 내의 풍토병과도 같은 시기와 경쟁심이 표출되었을 때 리더가 이분법적인 태도를 벗어나는 게 매우 중요하다는 것도 실감할 수 있다.

약비차인 若非此人

업적을 기록하고 인정해주라

"이제 자격궁루(自擊宮漏)를 만들었는데 (…) 만약 이 사람이 아니었더라면 아무래도 만들어내지 못했을 것이다. (…) 만대에 이어 전할 기물을 능히 만들었으니 그 공이 작지 아니하므로 호군(護軍)의 관직을 더해주고자 한다."

今造自擊宮漏 雖承予教 若非此人 必未製造 [⋯] 能製萬世相傳之器 其功不細 欲加護軍之職

• **《세종실록》 재위 15년 9월 16일**

약비차인(若非此人)이란 '만약 이 사람이 아니었다면'의 뜻이다. 1433년, 즉 세종 재위 15년 9월에 '자격궁루'라 불린 물시계가 완성되었을 때 세종이 신하들에게 한 말이다. 세종은 자격루의 아이디어가 왕 자신의 것이긴 하지만, 그것을 만들어내는 장영실(蔣英實, ?~1442)의 정교한 솜씨가 있었기에 "만대에 이어 전할 기물"이 창조되었다고 칭찬하고 있다. 그러나 "15세기 동아시아에서 가장 뛰어난 기계기술자(mechanical engineer)이며 발명가"(남문현 2002, 103쪽)로 평가받는 장영실의 승진은 결코 만만치 않았다.

세종은 그 이전인 1422년(세종 4년)과 1423년에도 장영실을 5품관인 상의원(尙衣院)의 별좌로 발탁하려다가 반대에 부딪힌 적이 있다. "기생의 자식을 상의원에 임용할 수 없다"라며 이조판서 허조가 반대한 것이다. 그러나 조말생의 적극적인 천거와 유정현의 지지로 그를 승진시킬 수 있었다. 그로부터 10여 년이 지난 1433년(세종15년)에 위 인용문과 같이 물시계(자격궁루)를 만든 공로를 인정해 한 등급 더 올려서 정4품의 호군(護軍)으로 승진시킬 것을 세종이 제안하자 황희가 찬성했다.

실록에서 장영실의 기록이 처음 보이는 것은 1425년(세종 7년)의 기사다. 세종은 이 기사에서 평안 감사에게 장영실의 말대로 석등잔을 준비하라고 지시한다(《세종실록》 7/5/8). 중국 사신들이 좋아하는 물건을 장영실의 기술에 따라 만들라고 한 것이다.

그 외에 장영실에 관한 기록은 별로 없다.《아산 장씨 세보》에 의하면, 그의 선대가 중국에서 건너와 고려 조정에서 벼슬을 했는데, 전서(典書) 장성휘가 1390년경에 부산 동래에서 장영실을 낳은 것으로 되어 있다. 부산 관기(官妓)와의 사이에서 태어난 장영실은 당시 신분제에 따라 노비 신분으로 동래현 관가에 예속되었다. 그러다가 태종이 인재를 수소문할 때 천거되어 한양으로 왔다. 세종 시대 과학기술의 발전에 대해서는《연려실기술》에 자세히 기록되어 있는데, 이 책을 보면 장영실은 세종이 즉위하고 얼마 안 되어(세종 3년) 천문관인 윤사웅 등과 중국에 파견되어 천문관측시설과 과학기술 문물을 시찰하고 서적을 수집해 돌아왔다(이긍익,《연려실기술》 천문전고). "너희는 중국에 가서 각종 천문기기의 모양을 모두 눈에 익혀 와서 빨리 모방하여 만들라"라는 세종의 지시에 따른 것이다.

자격궁루를 만든 지 4년이 지난 뒤(1437년), 장영실은 흠경각루를 만들었는데, 그 공로로 중앙군인 오위의 대호군까지 승진되었다. 노비 출신이 종3품 당하관까지 올랐으니 가히 극적인 신분상승의 사례라고 하겠다. 그런 그도 임금이 타는 가마[安輿]를 잘못 만들어 의금부의 조사를 받기도 했는데(《세종실록》 24/3/16), 이는 정조 시대 김홍도의 말년과 함께 한국사의 미스터리로 남아 있다.

우리나라는 매년 10월 경이 되면, 노벨상이 화두가 되어 떠들썩하다. '왜 우리나라가 노벨상에서 일본을 못 따라잡느냐'라는 것이다. 세종이 과학기술 인재들에게 베풀었던 파격적인 발탁과 지원책, 그리고 그 이름을 기록해주던 풍토에서 해법을 찾을 수 있지 않을까?

이위하여 以爲何如

물음으로 인재들의 말문을 열라

"이렇게 조치하는 것에 대해 경 등의 뜻은 어떠한가. 타당한가, 그렇지 않은가와 이로움과 해로움을 다시 깊이 생각하여서 아뢰라."

以此布置 卿等之意 以爲何如. 便否利害 更加熟思以啓

• **《세종실록》 재위 20년 1월 7일**

이위하여(以爲何如)란 '어떻게 하면 좋겠는가'라는 뜻이다.

신하들에게 "경들의 생각은 어떤가?"라고 자주 말했던 세종의 어투 중 하나다. 세종은 늘 이런 식으로 묻곤 했는데, 《세종실록》에서 자주 보이는 '하여(何如)'라는 의문형 어투는 신하들의 말문을 여는 그의 화법이었다['하여왕(何如王) 세종'].

제시된 인용문은 국경을 침략했던 여진족 거아첩합(巨兒帖哈)이 1437년(세종 19년) 어린 자식과 아내를 거느리고 귀화해왔을 때, 세종이 함길도 도절제사 김종서에게 내린 글이다. 거아첩합은 1410년(태종 10년)에 경원 지역을 침략하여 조선 절제사 한흥부를 죽이는 등 수차례 공격을 했고, 이 때문에 함길도 사람들이 "분노와 원한이 뼈에 사무쳐서 그놈들의 살[膚]을 씹고자 한 지가 오래된 자"였다. 게다가 그가 1년 전에 귀화한 것은 조선의 군사 상황과 사람들의 거처를 염탐하러 왔다는 혐의도 불러일으키고 있었다.

따라서 조정 대신들은 그를 목 베어 죽이거나, 최소한 강화도에 안치시켜 목숨만 겨우 살려주어야 한다고 주장했다. 그러나 세종이 보기에 그렇게 하는 것은 정부가 추진하고 있는 여진족 포용[招撫] 정책에 어긋나며, 주변 국가들로부터 신의를 잃게 될 뿐만 아니라, 저들에게 사로잡혀 간 우리 백성들을 돌려받을 길이 막힌다는 단점이 있었다.

그렇다고 아무런 조치 없이 놓아 보내는 것도 문제였다. 당시 거아첩합을 억류시키자 명나라에서는 그 부족들의 호소를 받아들여 돌려보내라고 했다. 그 상태에서 그를 풀어주면 저들은 장차 중국 조정의 덕으로 여기고 우리에게 보복할 계책을 생각하리라는 게 세종의 우려였다.

이처럼 이럴 수도 없고 저럴 수도 없는 딜레마 상황에서 세종은 의정부와 육조의 신하들에게 그 문제에 대해 함께 논의하도록 했다[同議]. 다양한 의견이 나오자 이에 대해 세종은 이렇게 말했다. "만약 중형으로 처치한다면 거아첩합 한 사람은 비록 사라지겠지만 그 족속 중에서 복수하려는 자가 많아질 것이니, 그렇게 되면 장차 백 명의 거아첩합이 나올 것"이라는 것. 따라서 처형은 안 된다는 게 세종의 생각이었다. 강화도 억류안도 좋은 방안이 아니었다. 결국 중국 조정의 명령에 따라 자기 나라로 돌려 보낼 수 밖에 없을 터인데, 그렇게 되면 '조선이 부득이하여 돌려보냈다'고 생각하여, 우리나라를 향해 보복하려 할 것이기 때문이었다.

세종의 대안은 큰 은혜를 베풀어 그의 마음을 어루만지는 것이었다. 세종은 다음과 같은 예를 들었다. "옛날 힐리가한(頡利可汗)이 당나라에 화를 일으켜서 천하를 어지럽게 했다. 당나라 장군 이정(李靖)이 힐리가한을 사로잡아서 당태종에게 바쳤는데, 태

以爲何如

물음으로 인재들의 말문을 열어라

세종말씀

종은 그를 죽이지 않고 가속까지 죄다 돌려주었다."

세종에 따르면 당태종은 힐리가한에게 살아갈 거처와 먹을 것을 제공해주었을 뿐만 아니라, 답답해하는 그에게 사냥터가 있는 지역의 자사(刺史)로까지 임명했고, 우위대장군(右衛大將軍)의 벼슬까지 제수했다.

세종은 "고금의 제왕으로서 착하지 못한 사람을 용서하여 목숨을 보전하게 한 것이 다 이와 같았다"라면서 거아첩합을 서울로 불러오는 게 어떻겠느냐고 물었다. 서울로 불러들여서 그에게 가사(家舍)·의복·노비·기명(器皿) 등을 갖추어주고, 편하게 지내는 낙을 알게 하면 "우리에 대한 분노와 원망하는 마음이 사라지게" 되며 나중에 자기 나라로 돌아가더라도 영구히 우리나라 은덕을 잊지 않을 것이라는 게 세종의 생각이었다.

이러한 의견을 현지 군사 책임자인 김종서에게 보내 의견을 물었는데, 제시된 인용문이 바로 그것이다. 세종은 이때도 "이 조치에 대해 경의 뜻은 어떠한가[卿等之意以爲何如]"라고 묻고 있다. 김종서는 세종의 말을 듣고 여진족의 동향과 적절한 대책을 건의하여 거아첩합의 아들에게 벼슬을 내려주고 편히 살도록 했다. 그 결과 많은 여진족이 집단으로 조선에 귀화했다. 충분히 논의한 끝에 나온 최선의 대안을 현지 책임자와 긴밀히 소통한 결과였다.

불가이례 不可以禮

배짱은 성공적인 담판의 필수조건이다

"지금 관인 등이 변경을 쳐들어와서 멋대로 놀아나니, 이제는 의관과 예의로써 그들을 대우할 수 없습니다. 내가 관인이 범죄한 것을 글로 써서 황제의 조정에 들어가서 아뢸 것인데, 먼저 그를 죽인 이후에 나도 죽겠습니다."

今官人等 侵擾邊境 恣行無忌, 不可以衣冠禮義待之. 吾書官人所犯 將入奏天庭 先殺官人 而後死之

• 《세종실록》 재위 8년 6월 11일

불가이례(不可以禮)란 '예의로써는 안 된다'라는 뜻이다.

세종 때는 당찬 외교 인물이 여럿 있었는데, 1426년(세종 8년) 6월 11일 자에 나오는 신유정(辛有定, 1347~1426)도 그중 하나다. 신유정은 세종 중반기에 도승지를 지낸 신인손의 아버지로서, 주로 태종 시대에 활약한 무관이다.

《세종실록》을 보면, 신유정은 서른네 살 때인 1386년(우왕 12년)에 집안의 형뻘(族兄) 되는 충청도 도원수 이승원을 따라 왜구 토벌전에 갔는데, 적군이 워낙 많아 이승원이 전진하기를 주저했다. 그러자 신유정이 칼을 빼 이승원이 탄 말을 겨누면서 성난 목소리로 말했다. "원수(元帥)는 나라의 두터운 은혜를 입었는데, 적이 두려워 전진하지 않으니 국가에서 장수를 보낸 뜻이 어디에 있습니까. 죽고 사는 것은 천명(天命)이니 싸워야 합니다." 이 말을 듣고 이승원이 분격(奮激)하여 적과 싸워서 크게 이겼다.

이처럼 신유정은 이승원을 따라다니며 4~5년 동안 25번이나 적과 싸웠는데, 싸울 때마다 반드시 이겼다. 그의 용감함이 널리 알려져서 1403년(태종 3년)에 왜적이 강원도에 침략해왔을 때, 태종은 그를 불러서 "일이 심히 급하니, 유사(有司)의 천거를 기다릴 수 없다"라면서 속히 출발하라고 당부했다. 신유정은 그날로 길을 떠나 왜구를 물리쳤다. 왜구가 물러간 다음에 신유정은 그대로 판강릉 대도호부사가 되어 임기 동안 선정을 베풀고 다시 조정으로 돌아왔다. 이때 강릉부의 사람들이 그를 사모하여 힘을 모아 생사당(生祠堂)을 세웠다(사당은 원래 해당 인물의 신주를 사후에 모셔놓고 제사 지내는 곳인데, 고을을 다스린 관리의 선정이 탁월한 경우 그 관리의 초상화를 보관하면서 살아있을 때부터 공덕을 기렸다. 그것을 일컬어 '생사당'이라 했다).

그의 활약 중 가장 흥미로운 예는 명나라 사신 황엄(黃儼)이 왔을 때다. 환관(宦官) 출신 황엄은 세종 때 윤봉(尹鳳), 창성(昌盛)과 함께 가장 악명 높은 중국 사신이었다. 그는 조선에 와서 서피(鼠皮: 족제비 가죽)와 녹비(鹿皮: 사슴 가죽), 종이 등을 집요하게 요구했다. 그뿐 아니라 사사로이 물건을 많이 가지고 와서는 불법 무역을 하기도 하여, 조정의 큰 골칫거리가 되곤 했다. 중국 사신, 즉 칙사(勅使)에 대해서는 최대한 존중하고 그들의 요구를 인내심 있게 들어주던 세종조차도 "이 자는 본래 지식도 없고 또한 염치마저 없으니 매우 비루한 자로다"라고 말했을 정도다.

그런 황엄이 1407년(태종 7년)에 조선에 왔다가 중국으로 돌아가는 길에 국경지대인 의주에서 문제가 발생했다. 당시 신유정은 그 지역의 군사책임자인 의주 도병마사(義州道兵馬使)였는데, 압록강 건너편의 요동 지역 지휘 천호(千戶) 소속 군인들이 황엄을 맞이하려고 의주에 와서 한 달 남짓 머물렀다. 그 군인들이 불법으로 사물(私物)을 가져와 조선 사람들에게 강매한다는 소식을 듣고 신유정이 금지했다. 그러나 그들은 듣지 않았을뿐더러, 급기야는 객관(客館)에 깔 자리[鋪席]를 억지로 빼앗아 개인 물건을 싸기까지 했다. 참다못해 신유정이 힘센 장사(壯士)를 시켜 주먹으로 그를 때리게 했다. 그 사람은 얼굴에 온통 피를 흘리며 황엄에게 울면서 호소했다. 이 말을 전해 들은 신유정은 급히 황엄의 앞으로 나아가 전후 사정을 상세히 말했다. 그러나 황엄은 "어찌 이렇게도 무례한가"라며 성을 냈다. 신유정의 명령을 듣고 중국 군인을 때린 그 장사를 처단할 뿐만 아니라, 이를 외교 문제로 비화하려는 태도를 보였다.

사태가 이렇게 전개되자 신유정이 배짱으로 나섰다. 그는 관대(冠帶)를 벗어 땅에 던지면서 이렇게 말했다. "황제께서 우리나라에 의관(衣冠)을 내리시어 피아(彼我)의 차별이 없이 똑같이 사랑했는데, 지금 관인 등이 변경을 넘어와 멋대로 놀아나니, 이제는 의관과 예의로써 그들을 대우할 수 없습니다." 그러고는 "그 요동 군인을 죽인 이후에 글로 써서 황제의 조정에 들어가서 아뢰고, 나도 죽겠습니다"라고 했다. 그는 눈을 똑바로 뜨고 급히 장사를 불러서 "어서, 허리에 차는 칼을 가지고 오라. 먼저 한 사람의 머리를 베고 강을 건너가겠다"라고 호령했다. 그러자 황엄의 얼굴빛이 흙빛으로 변했다. 그는 서둘러 "내가 잘못했습니다[吳過矣]"라고 사과한 다음, 자신에게 울면서 호소한 사람을 매질하게 했다. 이어서 황엄은 술자리를 베풀고 작별하면서 "모름지기 변장(邊將)은 이와 같아야 한다[邊將 當如是也]"라고 말했다.

이 마지막 대목은 흡사 고려의 서희와 거란 장수 소손녕의 대담을 보는 듯하다. 993년 안융진(安戎鎭) 협상에서 서희는 대등한 예(禮)를 받아들이지 않는 소손녕에게 화를 내며 숙소로 돌아와 누워버렸다. 이는 협상에서 기선 잡기의 중요성을 잘 보여주는 예로 신유정이 관대를 벗어 던지며 칼을 가져오라고 한 것과 비슷하다. 서희가 '여진족 때문에 고려가 거란과 국교를 맺지 못한다'라면서 논리적인 말로 상대방을 설득한 것처럼, 신유정 역시 명나라 황제의 '피아(彼我) 차별이 없이 똑같이 사랑하는 마음[一視同仁]'을 얘기하면서 요동 군인의 잘못을 지적했다. 그러자 황엄도 설득되어서 '변장의 태도'를 칭찬했는데, 이것도 서희 때와 비슷하다.

또 일련의 협상이 마무리된 단계에서 소손녕이 노고를 위로하는 잔치를 베풀자 서희가 "즐겁게 놀다가 잔치를 마친 다음에" 돌아온 것처럼, 신유정 역시 황엄이 베푼 잔치에서 즐겁게 술을 마시고 대화를 나누면서[酒而歡] 협상 상대방과의 친분을 쌓고 돌아왔다. 서희와 신유정은 처음에 "말투를 강개하게 하여[辭氣慷慨]" 상대방을 제압했지만, 협상이 마무리된 다음에는 협상 상대방과의 인간적 신뢰를 쌓아서 그 후에 발생할 수도 있는 난관들을 무난히 통과하게 하는 다리를 놓았다. 참으로 뛰어난 협상가였던 것이다.

국가나 기업의 대표는 때로 배짱으로 위기를 타파하는 협상력을 발휘해야 할 때도 있다. 그때 중요한 것은 자신의 무사안일을 뛰어넘어 공동체의 이익을 관철하려는 의로움과 협상 상대방과의 인간적 신뢰 구축이다.

신유정이 사망하자 세종 정부는 그에게 '무절(武節)'이라는 시호를 내렸다. 이는 외교 협상가에서 필요한 덕목을 압축적으로 보여준다. 협상에 임해서는 "강강(剛强)하고 곧게 다스리는[剛强直理]" 태도를 견지하되, 홀로 있을 때는 "청렴함을 좋아하여 스스로 절제하는[好廉自克節]" 마음을 갖는 선비의 덕목이 그것이다.

심열성복 心悅誠服

협상 상대방의 마음을 감복시켜라

"국가대의(國家大義)로 타이르고 그 삶을 이롭게 하면, 왜인들이 성심으로 따를 것입니다."

開諭 國家大義 以資其生 倭人 心悅誠服

• 《세종실록》 재위 22년 3월 22일

심열성복(心悅誠服)이란 '마음으로 기뻐서 진심으로 복종한다'라는 뜻이다. 인용문은 조선 초기 외교 분야에서 대표적인 인물인 이예가 세종에게 한 말이다. 세종 시대의 대외적 평화는 그냥 주어진 게 아니었다. 대마도 토벌[東征]이나 여진족 토벌[西征]과 같은 공세적인 정책은 물론, 박안신·이예·신숙주와 같이 외교에 특출한 인물들의 활약이 있었기에 이루어진 평화였다.

이 중에서 특히 이예는 독보적인 인물이다. 그는 자청해서 일본에 40여 차례나 목숨을 걸고 건너가 이키 섬(一岐島: 일본 본토와 대마도 사이에 있는 섬), 오키나와(流球) 등지에 포로로 억류되어 있던 조선 사람 667명을 송환시킨 명 외교관이다.

이예는 원래 울산군의 아전이었다. 그런데 태조 재위 5년째인 1396년, 그가 스물네 살 때 한 가지 사건이 발생했다. 자기의 상관인 울산군수[知蔚山郡事] 이은(李殷)이 왜적에게 나포된 것이다. 이를 보고 그는 박준(朴遵)이라는 관리와 더불어 왜적의 배 뒤 행비에 붙어 탄 채 바다 가운데까지 뒤쫓아갔다. 왜적들은 바다 한가운데서 이은 등을 죽일 계획이었는데, 이예가 배 위로 올라가 상관인 이은에게 깍듯이 예절을 지키는 것을 보고 생각이 바뀌었다. "이 사람은 조선의 참된 관리다. 그들을 죽이는 것은 좋지 못한 일이다"라며, 대마도까지 데리고 갔다. 대마도에서도 또 한 번 죽을 고비가 있었다. 이때 이예는 배를 뒤따라오면서 급히 챙

心悅誠服

협상
상대방의
마음을
감복시켜라

세종말씀

겨온 관아의 은(銀) 술잔을 뇌물로 주어서 죽음을 면했다.

이예 일행은 대마도의 화전포(和田浦)에 감금되어 있으면서 탈출할 계획을 세우고 있었다. 때마침 조선에서 온 통신사 박인귀(朴仁貴)의 노력으로 이듬해 2월에 극적으로 귀국했다. 나라에서 그의 용감한 행동을 가상히 여겨 그에게 아전의 역(役)을 면제하고 벼슬을 주었다. 그는 이후 자청해서 일본에 사십여 차례나 목숨을 걸고 건너가 포로로 억류되어 있던 조선 사람 수백 명을 송환시켰다.

제시된 인용문은 이예가 세종대왕에게 왜인들을 감복시키는 방법을 말한 것이다. 먼저 그는 국가대의라는 논리로 깨우치고 타이르라고 말한다. 다음으로, 그들의 삶을 이롭게 하라고 말한다. 이는 대의만 가지고는 부족하고 이익을 같이 베풀 때 비로소 마음으로 감복하여 따른다는 의미다. 이는 비단 일본인뿐만 아니라 모든 나라에 적용되는 것으로, 외교와 협상에서 핵심적인 조건이다. 또한 보통의 인간관계에서도 잊지 말아야 할 원칙이다.

불가기교 不可其巧

리더의 진정성이 신뢰의 근원이다

"임금이 되어서 아랫사람 대하기를 이렇게 교묘하게 속이는 것은 옳지 않다."

人主待下 不可若是其巧也

• 《세종실록》 재위 29년 5월 12일

불가기교(不可其巧)란 '그렇게 교묘하게 속여서는 안 된다'라는 뜻이다.

세종 때 떼도둑이 많았다는 것은 잘 알려져 있지 않은 '불편한 진실'이다. 실제로 세종 재위 17년째인 1435년에 형조판서 신개가 이런 말을 한 바 있다. 당시 도둑들은 "만일 새로 입당(入黨)하는 자가 있으면 반드시 시험으로 아픈 매를 가하여, 묵묵히 아프다는 말을 하지 않는 자라야 동행(同行)할 것을 들어"주는데, 이들은 체포되어 "형벌로 고문을 당할 때도 걱정을 하지 않고 가만히 도수(度數: 때린 매의 수)를 세어가며" 곤장 수가 다 차기만을 기다렸다고 한다(《세종실록》 17/6/14).

세종이 "죄수에게 50대를 넘게 때려서는 안 된다"라는 명령을 내렸는데, 그것을 죄수들이 악용한다는 것이었다. 이들은 이렇게 해서 "감옥에서 나오자마자 곧 도적질을 하는데, 또 잡히면 다시 참기를 이와 같이 하여 예사로 여기고 일생을 마치며", "그중에 큰 도적과 교활한 놈들은 근로도 하지 아니하고 의식이 풍족하여, 나가면 아름다운 옷에 살진 말이요, 들어오면 맛있는 술에 기름진 고기여서, 근로를 하고도 기한(飢寒)을 면치 못하는 자를 보면 조롱하며 비웃는다"라는 것이 신개의 지적이었다.

치안 문제는 세종 말년까지도 골칫거리였다. 세종 재위 29년째인 1447년 2월에 평양 지역에 갇혀 있던 20여 명의 무장한 떼

강도가 관청의 아전과 관노의 도움을 얻어 집단 탈출하는 사태가 발생했다. 몇 년째 계속되는 흉년으로 먹고살기 힘들어진 백성들이 대성산을 굴혈(窟穴)로 삼고 있는 것을 조정에서 거듭 명령하여 체포했는데, 그로부터 1년 만에 발생한 사건이었다.

조정에서 조사한 결과 일부는 도망하거나 탈옥 도중에 사망했으며, 평양의 형방주사(刑房主事) 손효숭이 뇌물을 많이 받고 도적떼에게 정보를 제공한 것으로 드러났다. 문제는 도적떼 중에 나이 어린 청소년들도 있었는데, 그들을 어떻게 처리하느냐였다.

세종은 형을 따라 입산했다가 도적의 무리가 된 열세 살짜리 이영산과 열여덟 살의 김춘과 은산에 대해서는 특별히 참형(斬刑)을 면해주자고 제안했다. 그런데 이에 대해 조정의 관리들은 한결같이 반대했다. "사람이 악한 짓을 하는 것은 반드시 장년(壯年)만이 아니며," 당(唐)나라 이적(李勣)의 경우에서 보듯이 13~15세의 도적도 얼마든지 사람을 죽일 수 있으니, 모두 법대로 처형해야 한다는 것이었다.

그러나 세종은 사형 명령을 거부했다. 그러자 의정부 관리들이 왕에게 그럴싸한 제안을 했다. '일단 사형 집행 명령 하교를 내리고, 뒤이어 사면령을 내리면 어떻겠느냐'라는 말이었다. "김춘과 은산을 이미 처결했으면 어쩔 수 없고, 아직 죽이지 않았으면 살려주라"라는 왕명을 뒤이어 내리라는 것이었다. "이렇게 하시면

왕의 교지가 필시 처결한 후에 도달될 것이니, 백성들은 전하의 살리기 좋아하시는 덕을 잘 알게 될 것이옵고, 법도 또한 어그러짐이 없이 될 것"이라는 얘기였다.

참으로 솔깃한 제안이었지만, 세종은 "임금이 되어 아랫사람 대하기를 이렇게 교묘하게 속이는 것은 옳지 않다"라며 마침내 김춘 등을 살려냈다. 왕의 체면도 살리고 법령도 집행하는 "권도(權道: 임기응변적 조처)를 발휘"하라는 교묘한 유혹을 물리치고, '임금의 진실한 태도'를 고수한 것이다. 이러한 언행은 신하들로 하여금 왕을 더욱 신뢰하게 하는 계기가 되었다.

영어일공 囹圄一空

감옥을 한번 텅 비게 해보자

"모든 사람의 심정이 서로 기뻐하여 감옥[囹圄]에 죄수가 없게 하여 화합한 기운이 널리 펴지게 하라. 그렇게 되면 비 오고 볕 나는 것이 시기에 순조롭게 될 것이다."

群情胥悅, 致囹圄之一空 協氣旁流 臻雨暘之咸若

• 《세종실록》 재위 13년 6월 2일

영어일공(囹圄一空)이란 '감옥을 한번 텅 비게 한다'라는 말이다. 세종의 법과 형벌에 대한 생각, 특히 사법행정의 목표가 무엇인지를 단적으로 보여주는 말이다. 도대체 어떻게 해야 감옥에 죄수가 한 명도 없어서, 법 맡은 관리며 감옥 간수가 직장을 잃는 상태를 만들 수 있을까?

그에 앞서 최근 《세종실록》에서 새롭게 발견한 사실 하나를 보자. 그것은 세종이 87퍼센트(536건 중 465건)에 달하는 죄수에게 사형 판결을 내렸다는 점이다. 이는 25퍼센트 가량에게만 사형을 선고한 조선 후기의 정조와 대조된다(박현모 2014, 230쪽). 세종은 형벌을 덕화정치의 보조수단으로 보았지만, 형벌제도를 부정적으로 보거나 소극적으로 간주하지 않았다. 그보다는 오히려 적극적으로 감옥을 개선하고 재판 과정을 공정하게 만들어서 억울하게 죽거나 원통한 판결을 받지 않으며, 나아가 죄수로 하여금 스스로 새로워지는 사법행정을 닦아가려 했다.

예컨대 재위 19년, 감옥에서 의문사를 방지하기 위한 조항을 마련하라는 지시가 그 예다. 세종은 먼저 "옥(獄)이라는 것은 본래 악한 것을 징계하자는 것이요, 사람을 죽게 만드는 것이 아니다"라고 말한다. 국가에서는 일시 죄를 지어 감옥에 들어온 사람이라 할지라도 그들이 그 죄 때문에 처형되지 않고 불합리한 감옥행정이나 시설 때문에 목숨을 잃어서는 안 된다는 말이다. 이는 '죄는 미워해도 사람은 미워하지 말라'라는 말의 세종식 해석이다. 죄지은 사람을 미워하지 말라는 말은 범죄 피해를 입은 당사자나 가족이 아니라 죄수 혹은 피의자를 관리하는 국가 관리에게 적용되는 말이다. 아무리 극악한 죄를 저지른 사람이 하더라도, 국가에서는 그를 인격적으로나 물리적으로 함부로 대해서는 안 된다는 것이다.

세종은 이어서 "지금부터 서울 안의 옥에 갇힌 죄수[獄囚]로서 죽은 자가 있거든 죄의 경중을 분별할 것 없이 모두 사연을 갖추어 아뢰라. 외방에서는 다만 죄수로서 죽은 자에 대해 형조에만 보고하고 (왕에게) 계달하지 아니하니, 서울과 지방의 법이 달라 실로 온당치가 못하다. 지금부터는 지방의 죄수로서 사형을 받게[致死] 된 자도 또한 경중을 불문하고 본범(本犯)의 죄명과 처음에 가둔 월일과 병에 걸린 일시와 치료한 약과 병 증세와 신문할 때 때린 매질[訊杖]의 횟수와 죽은 일시를 갖추어 기록하여 형조에 문서를 넘겨[移文]주고, 또 따로 (내게) 계문하되 그것을 항식(恒式)으로 만들라"(《세종실록》19/1/23)라고 지시했다.

한 명이라도 감옥행정 관리의 실수로 생명을 잃게 해서는 안 된다면서 '의문사 방지 규정'을 만들라는 세종의 지시다. 정당한 법 절차에 따라서 처형시킬 수는 있으나, 관리를 잘못해서 사망케 한 책임은 곧 국가에 있으니, 죄수 또는 피의자가 맞은 매나 걸린 병에 대해서 빠짐없이 왕에게까지 보고하라는 말이 인상적이다.

사법행정과 관련해 흥미로운 것은 사면(赦免)에 대한 세종의 생각이다. 그에 따르면 나라에서 사면을 단행하는 것은 한때 죄를 지어 감옥에 간힌 사람들로 하여금 '스스로 새로움을 열어가게' 하는 기회를 주기 위해서였다. 세종은 "사면이란 것은 덕의(德意)를 선포하고 더러움[瑕疵]을 씻어내어 스스로 새로움을 열어가는 길이다[赦者 所以宣布德意, 蕩滌瑕穢, 使開自新之路]"라고 말했다(《세종실록》 4/2/5). 여기서 중요한 것은 자기 스스로 새로운 사람이 되는 길[自新之路]을 열어준다는 말인데, 죄수라 할지라도 "이전의 허물을 씻고 스스로 새로운 사람이 되는 길을 열어갈 수 있다[開其自新之路]"라는 것이 세종의 판단이었다.

세종이 지향한 사법행정의 목표는 어떤 것이었을까? "어진 임금들의 형벌을 쓰는 목적은 형벌을 범하는 자가 없어지기를 기(期)했다[予惟 先王用刑, 期于無刑]"(《세종실록》 6/8/21)라는 말 속에 그 목표가 들어 있다. 그는 이를 위해서 백성들에게 넘지 말아야 할 선을 《삼강행실도》 등을 통해서 자세히 알렸다. 그럼에도 죄를 지은 자에게는 자기의 죄를 인식하게 하고, 최종적으로는 거의 예외 없이 엄형(嚴刑), 즉 사형을 선고했다.

"죽는 자로 하여금 구천(九泉)에서 원한을 품지 않게 하고, 산

자로 하여금 마음속에 한탄을 품음이 없게[使死者不含怨於九泉 生者無抱恨於方寸]" 하는 것이야말로 세종이 생각하는 재판 판결의 가장 중요한 목표였다. 그렇게 되어서 "모든 사람의 심정이 서로 기뻐하여 감옥[囹圄]에 죄수가 없게 하고, 화합하는 기운이 널리 펴지는"(《세종실록》13/6/2) 나라, 그것이 세종이 꿈꾸는 나라였다.

군역곽씨 君亦郭氏

실행하는 리더여야 한다

제나라 환공이 들에 나갔다가 망한 나라의 옛 성을 보고 어느 촌사람에게 물었다. "이곳은 누구의 땅인가?" 그 사람이 대답했다. "옛날 곽씨의 터입니다." 제환공이 다시 "곽씨의 땅이 왜 폐허가 되었나"라고 묻자 그 촌사람이 "곽씨는 선을 좋게 여기고 악을 미워했습니다"라고 말했다. 그러자 제환공은 "선을 선으로 여기고, 악을 악으로 여기는 것은 잘한 일인데, 폐허가 된 까닭이 무엇인가"라고 물었다. 촌사람이 대답했다. "선을 좋게 여겼어도 행하지 못했고, 악을 미워하면서도 버리지 못했기 때문입니다." (…) **관중이 제환공에게 말했다. "임금께서도 또 한 명의 곽씨입니다."**

善善而不能行 惡惡而不能去 (…) 君亦一郭氏也

• 《치평요람》 제1집 2권

군역곽씨(君亦郭氏)란 '임금 역시 또 하나의 곽씨이다'라는 뜻이다.

세종은 "무릇 정치를 하려면 반드시 전 시대가 남긴 치란(治亂)의 자취를 살펴보아야 하고, 그 자취를 보려 하면 오직 역사책을 상고할 수밖에 없다"면서, 중국과 우리나라의 역사 속 리더십 사례를 편찬하게 했다. 《치평요람》이 그 결과였다.

중국 사례를 모으는 데 그치지 않고 우리나라의 역사에서도 사례를 모으게 했다는 점에서 이 책은 《훈민정음》, 《향약집성방》 등과 더불어, 우리 것을 '다른 관점'에서 관찰하는 세종 시대의 지적 풍토를 보여주는 증좌(證左)라고 할 수 있다.

세종의 명에 따라 정인지 등 집현전의 학사들은 1441년(세종 23년) 여름부터 4년 뒤인 1445년 봄까지 《치평요람》이라는 책을 만들어냈다. '치평요람'이란 국내 정치에 해당하는 치국(治國)과 대외관계를 뜻하는 평천하(平天下)의 사례를 찾아 그 성공과 실패의 이유를 고찰하되, 세종의 명에 따라 "너무 복잡하거나 너무 간략하지 않게" 만든 제왕학의 요람(要覽)이라는 뜻이다.

"동양 정치의 거울"로 불리는 이 책에는 수많은 리더십 사례가 들어 있다. 제시된 인용문은 제환공과 관중의 이야기인데, "왜 선을 선으로 여기고 악을 악으로 여긴 곽씨가 망했느냐"라고 묻는 제환공에게 던진 촌사람의 대답이 인상적이다. "선을 좋게 여겼어도 행하지 못했고, 악을 미워하면서도 버리지 못했기 때문[善善而不能行 惡惡而不能去]"에 그리 되었다는 것이다.

흥미로운 것은 제시된 인용문 다음에 이어지는 대화다. 제환공은 들판의 촌사람을 만난 뒤 궁궐에 돌아와 관중에게 그 사실을 얘기했다. 그러자 관중은 반색하면서 "그 사람이 누구입니까?"라고 물었다. "잘 모르겠다"라고 대답하는 제환공에게 관중이 한마디 던졌다. "임금께서도 또 한 명의 곽씨입니다[君亦一郭氏也]."

세종은 "하루가 늦어지면 10일이 늦어지고, 10일이 늦어지면 한 해가 늦어진다[一日之延 十日之延. 十日之延 一歲之延也]"고 했다. 아무리 좋은 이야기를 듣고 뛰어난 생각을 갖고 있다 하더라도, 그것을 실행에 옮기지 않는다면 우리 또한 '또 한 명의 곽씨'라는 비판을 면치 못할 것이다.

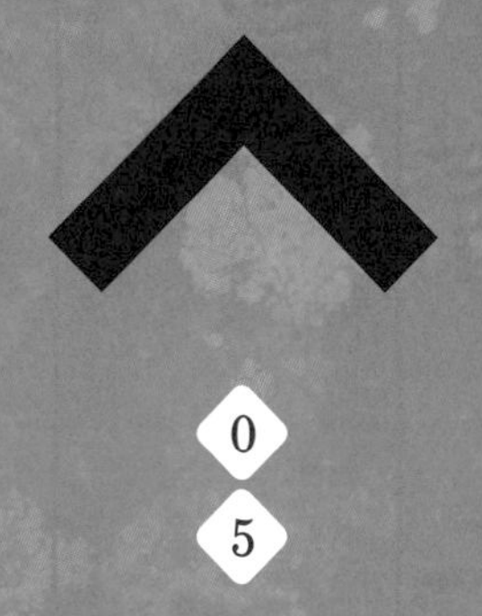

0
5

마지막까지 놓쳐서는 안 되는 것들

사위미성 事爲未成

업(業)을 행하는 자, 맡은 사명을 명심하라

"이 때에 한나라 군사는 업행(業行)**의 시점에 있었다. 무릇 일을 이미 시작하였으나** (그가 추구하는 소명이) **아직 성취되지는 않고 현재 진행중인 것을 업**(業)**이라 한다."**

是時漢兵已業行 事已爲而未成日業

• 《치평요람》 제8집 16권

사위미성(事爲未成)이란 '일을 하고는 있으나 완성되지 않았다'라는 뜻이다. 일을 시작했으나 아직 그 목적이 완성되지 않았다는 이 말은 업(業)에 대한 세종 시대 정인지 등의 정의다.

정인지 등은 《치평요람》에서 한고조 유방의 시행착오를 이야기하면서 수성(守成) 군주의 사업(事業)관을 말했다. 유방은 기원전 203년 해하(垓下)에서 사면초가(四面楚歌)에 빠진 초나라 군사를 깨뜨리고 항우의 고향이 바라다보이는 오강(烏江) 아래서 그를 자결케 한 후, 드디어 즉위했다. 잘 알려진 것처럼 이후 한신은 토사구팽(兎死狗烹)되었고, 장량은 인간사를 버리고 산속에 들어가 명철보신(明哲保身)했으며, 손숙통은 예제를 정비해 차차 내치를 다듬어갔다. 그러나 아직 대외관계는 정립되지 않은 상태였다. 강력히 부상하는 흉노족의 신왕 묵돌[冒頓]과 치른 평성에서의 대회전을 보면 알 수 있다.

평성 대회전 직전 유경(劉敬)이라는 신하가 32만의 군사를 이끌고 적을 공격하려는 한고조 유방에게 공격하지 말 것을 간언했다. 자신이 흉노 진영을 가보니 기만책을 쓰고 있음이 분명하다는 것이었다. 그러나 한고조는 화를 내면서 "네놈이 입과 혀로 벼슬을 얻더니, 이제 함부로 말하여 군사의 앞길을 막으려 드는구나" 하면서 그를 투옥했다. 그러나 한나라 주군(主軍)이 평성에 다 도착하기도 전에 한고조는 묵돌의 40만 정병(精兵)에 의해 백등산(白登山)에서 포위당하고 말았다. 7일간의 포위 끝에 진평(陳平)의 뇌물작전에 힘입어 가까스로 짙은 안개를 뚫고 포위망을 탈출할 수 있었지만, 자칫 한나라의 대업이 끊어질 수도 있는 큰 위기였다. 한고조는 나중에 유경을 풀어주며 "공의 말을 듣지 않아서 평성에서 큰 곤란을 겪었다"면서 관내후로 삼았다(《치평요람》 제8권, 85~87쪽).

바로 이 사건과 관련하여 《치평요람》 편찬자들은 "이때에 한나라 군사가 업행(業行)의 시점에 있었다"라고 말했다. 비록 왕위에 올랐으나 아직 기반이 튼튼해지지 않은 상황을 '창업 진행 중'이라고 표현한 것이다. 말하자면, 창업을 했으나 아직 수성 단계에 진입하지 않은 상태가 곧 업행 단계인 것이다. 이와 관련해 세종이 말하는 '수성 군주의 책무'가 주목된다. 세종은 "수성하는 임금은 대체로 사냥놀이나 성색(聲色)을 좋아하고, 그게 아니면 반드시 큰 것을 좋아하고 공(功)을 세우기를 즐겨 하는 폐단이 있다. 이것은 예로부터 지금에 이르기까지 조상의 왕위를 계승하는 임금이 마땅히 경계해야 할 일"이라는 말이 그것이다(《세종실록》 15/11/19).

여기서 그는 수성 군주가 피해야 할 두 가지로 너무 큰 공을 세우려 하는 것과 아예 아무것도 하지 않는 것을 들었다. 세종의 이 말은 수성 리더십에 대한 일반적인 오해를 정확히 짚고 있다. 즉 흔히 수성 리더십을 기껏 현상유지 능력 정도로 간주하거나, 반대로 창업 시기에 했던 대로 국가나 회사의 명운을 건 모험(전쟁과 혁명)을 시도하는 것으로 생각하는데—한고조가 평성 대회전을 감행한 것처럼—이는 잘못이라는 것이다. 국가는 혁명이나 현상유지만으로 지켜질 수 없다. 태종이 양녕대군이나 그 아래 효령대군이 아니라 충녕을 후계자로 삼은 이유가 바로 여기에 있었다. 수성기의 조선왕조에는 혁명적 변화나 종교적 수행을 넘어선 '제3의 길'이 필요하다고 본 것이다.

좀더 정확히 말하면, 수성의 리더십이란 조직으로 하여금 지속적인 생명력을 갖게 하는 지도력이다. 생명체가 마치 지속성을 가지면서도 끊임없이 성장을 거듭하여 발전을 해나가는 것과 같이 지속적인 성장 시스템을 구축하는 일이 곧 수성 리더의 책무다. 이와 관련해 《치평요람》의 다음 말이 마음을 끈다. "지혜를 가지고 천하 사람을 모을[來] 수는 있으나, 그들을 그대로 머무르게[留] 할 수는 없다. 힘으로 천하를 얻을[得] 수는 있지만 천하를 계속 가질[有] 수는 없다. 천하를 계속 갖는다는 것은 천하를 잊어버리는 것을 말한다[有天下者 忘天下者也]"(《치평요람》 제8권, 58쪽). 여기서 천하를 잊어버린다는 것은 '천하의 일을 내맡기고 잊어버려도 스스로 돌아가게 하는 것'으로, 이 때문에 당나라의 위징(魏徵)은 "창업보다 수성이 더 어렵다[創業易守成難]"라고 말했다

(오긍,《정관정요》,《세종실록》21/4/18).

따라서 수성기의 군주는 우선, 국가 구성원들 스스로가 그 제도의 가치를 인정하고 타당성을 받아들이게 하는 노력을 기울여야 한다. 세종이 발휘했던 바, 사람들로 하여금 조선왕조가 고려보다 한 차원 높은 체제라는 것을 보여주어야 했다.《용비어천가》나《치평요람》등 각종 서적의 편찬사업이 그 예다. 그 다음으로는 백성과 신료들이 국가에 애정을 갖고 참여할 수 있게 하는 동기의 활성화다. 이는 강제와 위압이 아닌 비전을 통한 국가운영에 의해 진행되어야 하는데, 예악을 통해 백성들의 마음을 안착시키려 했던 세종의 노력은 그런 맥락에서 이해할 수 있다.

마지막으로 수성 군주는 효과적인 갈등해결 장치를 마련하여 국가 안의 내부적 긴장을 세련되게 처리할 수 있어야 한다. 신문고 제도, 수령고소금지법의 개혁 등을 통해 백성들의 억울함을 받아들이도록 하는가 하면, 각종 법률을 입안하고 엄격한 상벌을 시행해서 사법행정을 예측 가능하도록 만든 노력이 그 예다.

제가최난 齊家最難

가정경영은 리더에게 가장 어려운 숙제다

"나라 다스리고 천하를 평화롭게 만드는 것이 물론 큰일이다. 하지만 집안 다스리는 일이 제일 어렵다."

治國平天下雖大 齊家最難

• 《세종실록》 재위 2년 10월 11일

제가최난(齊家最難)이란 '집안 다스리기가 제일 어렵다'라는 뜻이다. 천하의 세종대왕에게도 자식 문제만큼은 뜻대로 되지 않았다. 세종의 속을 제일 썩인 아들은 넷째 임영대군이었다.

"듣자오니 대군(大君)이 창기(倡妓)를 축첩한 분이 있다 하옵니다." 승지 허후가 악공(樂工) 이생(李生)의 딸인 어린 기녀(妓女)를 첩으로 삼은 임영대군을 겨냥해 세종에게 한 말이다. 세종은 일단 그 사실을 인정한 다음, "그전에 여러 아들에게 모든 일은 반드시 나에게 아뢴 연후에 행하고 내가 모르는 일은 부디 하지 말라고 했는데, 임영대군이 이생의 딸을 첩으로 삼겠다고 말하여 그가 정직하게 진달하는 것을 가상히 여겨서 이를 허락한 바 있다"고 말했다.

그러자 허후는 "옛사람들이 '아들을 옳은 방향으로 가르쳐 불의에 빠져들지 않게 한다' 했사온데 (…) 지금 비록 엄중히 꾸짖더라도 오히려 능히 막지 못할 것이 염려되실 터인데, 하물며 그 뜻을 좇아 허락하신단 말씀입니까"라고 반박했다. 그러자 세종은 "비록 창기라고 하지만 시집가지 않은 소녀인데 무엇이 불가하겠는가. 이 역시 후사(後嗣)를 넓히는 한 방법"이 아니겠느냐며 양해를 구했다. 그러나 허후는 물러서지 않고 "진정 후사를 넓히시려고 하신다면 다시 양가(良家)의 처녀를 택해야지, 하필이면 창기로 한단 말입니까"라고 다시 비판했다. 마침내 인내력의 한계를 느낀 세종이 "그렇다면 종친들의 기첩(妓妾)을 다 쫓아내란 말이냐"라고 언성을 높이고 말았다. 태종의 서자인 경녕군이나 함녕군도 다 기첩을 첩으로 삼았는데, 유독 내 아들에 대해서만 문제 삼는 이유가 무엇이냐는 얘기였다(《세종실록》20/4/23).

세종이 자식 문제로 신하 앞에서 쩔쩔매는 것을 보면, '자식 잘못 가르친 부모의 죄'를 실감할 수 있다. 사실 임영대군의 행실, 즉 아내를 버려두고 기생이나 궁궐의 여종과 사통한 스캔들에 대해서는 세종에게도 책임이 있었다. 개국공신 남재(南在)의 아들 남지(南智)와 사돈 관계를 맺었으나, 임영대군의 아내 남씨는 정신병 증세가 있어서 "눈동자가 고르지 못하고, 혀가 심히 짧으며, 행동이 놀라고 미친 듯한 모습"을 보였다. 세종은 공자 역시 아내를 내쫓은[出妻] 일이 있음을 언급하면서 이혼시켜야 하겠다는 의향을 내비친다. 불과 4년 전인 1429년(세종 11년)에 큰며느리, 즉 세자 이향(나중의 문종)의 부인이 정신병 때문에 궁궐에서 쫓겨난 바 있다. 그해에 두 번째 세자빈으로 들어온 봉씨는 궁궐 내 동성애 스캔들로 세종과 왕비를 곤혹스럽게 했다(결국 봉씨 역시 7년 뒤인 세종 18년에 축출되었다).

영의정 황희는 세종의 뜻을 받들어 남씨 가문 사람들의 정신병 내력을 자세히 이야기하면서[그녀의 조부 남경문(南景文), 외할아버지 이문알(李文斡)의 친족], 딸의 정신병력을 숨기고 왕자와 결혼

시킨 장인 남지의 죄를 언급했다. 소헌왕후가 "내쫓지는 말고 다른 아내를 들이자"라고 제안했음에도, 세종은 결국 그녀를 쫓아냈다(《세종실록》 15/6/14). "부부는 인륜(人倫)의 근본으로서 금슬(琴瑟)과 같이 화합한 뒤에 가도(家道)가 이루어지는 것"인데(《세종실록》 20/4/23), 이런 병을 앓고 있는 사람을 대군의 부인으로 계속 둘 수는 없다는 것이었다. 그러나 그 후로도 임영대군은 가정에 안착하지 못한 듯하다. 창기(娼妓) 금강매를 첩으로 삼고, 내자시의 여종 막비와 간통했으며, 궁중 시녀 금질지와도 사통하는 등 "학문을 좋아하지 아니하고 여색(女色)에 침음(沈淫)했다"라는 기록이 있다(《세종실록》 21/5/3).

실록을 보면 세종은 "성품이 엄하여 여러 종친과 아들을 옳은 도리로 가르치고, 조금이라도 범한 바가 있으면 반드시 꾸지람을 더했다[稍有所犯 必加譴責]"라고 한다. 평소에는 나랏일에 바빠서 자식들을 돌아볼 겨를이 없던 '일 중독' 아버지가, 가끔 자식들을 만나면 엄하게 꾸짖곤 했는데, 임영대군은 "전혀 뉘우치거나 고치지 않았던 것[尙不悛改]"이다(《세종실록》 21/5/3). 오죽했으면 제시된 인용문처럼 "나라 다스리고 천하를 평화롭게 만드는 것이 물론 큰일이지만, 집안 다스리는 일보다는 쉽다"라고 했겠는가.

세종이 잘못한 것 중 하나로 자식 교육을 잘 시키지 못한 점을 꼽는 것도 이 때문이다. 문종 사후 둘째 아들 수양대군이 정권을

① 문종, 1414-1452(39세)
② 세조, 1417-1483(67세)
③ 안평대군, 1418-1453(36세) 賜死
④ 임영대군, 1420-1469(49세)
⑤ 광평대군, 1425-1444(20세)
⑥ 금성대군, 1426-1457(32세) 賜死
⑦ 평원대군, 1427-1445(19세) 早死
⑧ 영응대군, 1434-1467(34세)

세종 왕자들의 비운

찬탈하고 조카와 그 동생 안평대군 및 금성대군을 죽인 것은 잘 알려져 있다. 그런데 표에서 보듯이 수양대군(세조)과 임영대군을 제외하면 모두가 마흔 살이 되기 전에 사망했다.

이렇게 볼 때 세종의 부왕인 태종의 자식 교육 방법을 그냥 지나칠 수 없다. 태종은 왕비에게서 4남 4녀를 두었다. 이 중 열네 살에 병사한 넷째 아들 성녕대군을 제외하면 양녕대군(69세)과 효령대군(91세), 세종대왕(54세)은 대체로 장수했으며, 형제 간에 서로 싸우지 않고 끝까지 우애롭게 지냈다.

특히 셋째 아들 충녕대군(세종) 같은 공부 잘하고 나랏일도 잘 처리하며, 무엇보다 부모에게 효도가 극진하여 중국 사신까지 감동시킨 아들을 두었으니, 태종의 자식 농사는 잘되었다고 평가할 수 있겠다. 태종은 왕위를 물려준 다음 자신의 생일잔치에서 "자식이 왕이 되어 지극한 정성으로 봉양하니, 나와 같이 복을 누리는 아비는 고금에 드물 것"이라고 자랑하기도 했다(《세종실록》

齊家最難

가정경영은 리더에게
가장 어려운 숙제다

세종미술샵

2/5/16). 그리고 중국 사신은 "자손의 어짊은 돈으로도 살 수 없다[有錢難買子孫賢]"라며 감탄의 말을 남겼다(《세종실록》 2/4/14).

그러면 태종과 세종의 자식 교육법은 무엇이 달랐을까?

첫째, 형제를 해치지 않으려는 아버지의 솔선수범이다. 태종 이방원은 '왕자의 난'을 주도한 인물이다. 그런데도 바로 위의 형 이방간에 대해서는 자기에게 칼을 겨누었음에도(제2차 왕자의 난) 살려두었다. 신하들이 끈질기게 요구했으나 끝내 죽이지 않은 것이다. 그런 모습을 보고 자랐기에 세종이 형들을 보호하며 우애를 지킬 수 있었던 것으로 보인다. 양녕대군과 효령대군에 대해 신하들이 처벌을 집요하게 요구했음에도 말이다. 모름지기 자녀는 부모의 입(말)이 아니라 걸어가는 모습(행동)을 보면서 배운다는데 그 말이 여기서도 적용되는 듯하다.

둘째, 자녀로 하여금 자기주도적 학습을 하게 한 일이다. 충녕대군은 어려서부터 공부를 잘해서 주위의 관심을 끌었다. 그러나 장자가 아니어서 왕위에 오를 기회를 갖지 못할 것으로 판단한 태종은 충녕에게 미안한 마음으로 이렇게 말했다. "너는 할 일이 없으니, 평안하게 즐기기나 하여라[汝無所事 安享而已]." 그러면서 서화(書畫)·화석(花石)·악기[琴瑟] 등 모든 교양학습 자료들을 두루 갖추어주었다(《태종실록》 13/12/30). 부모로부터 부담을 받지 않으면서 스스로 '놀면서 좋아하는' 공부를 한 것이 '대왕 세종'을 만들지 않았나 싶다.

부왕에 비해 세종은 일찍부터 세자와 왕자들의 교육에 관심을 쏟았다. 재위 9년에 처음으로 종학(宗學)을 만들어 세자와 왕자들을 입학시켰으며, 재위 12년에는 수양대군을 비롯하여 안평대군과 임영대군을 국립대학인 성균관에 입학시켜 공부에 집중하도록 했다(《세종실록》 12/5/17). 그 일로 비록 세종 자신은 "글을 숭상한다"라는 칭찬을 받았지만, 임영대군이나 수양대군에게서 보듯이 '학문과 우애' 면에서 특별히 효과를 보지는 못한 듯하다.

욕감과전 欲減科田

세종이 보여준 노블레스 오블리주

"자손이 번성하고 많은 것이 경사라고는 하지만, 한갓 하늘이 주는 국록[天祿]을 허비하고 건물을 수리함[營繕]이 또한 많아 감응(感應)으로 부른 재앙이 있는가 생각되어 내가 심히 부끄럽다. 그 나머지 종친들의 과전(科田)은 갑자기 줄일 수 없으므로 친아들·친손자의 과전을 줄이려고 하는데, 여러 사람의 뜻은 어떠한가."

其餘宗姓科田 未可遽減 欲減親子親孫科田 僉意何如

• 《세종실록》 재위 19년 1월 12일

욕감과전(欲減科田)이란 '바라건대 과전을 줄이고자 한다'라는 뜻이다. 여기서 과전은 중앙정부의 관리들에게 수확량의 일부를 거둘 수 있는 권리를 준 토지를 가리킨다.

세종 재위 19년(1437년)은 그의 재위 초반인 5년 전후와 함께 경제적으로 가장 혹독한 시기였다. 실록을 보면 직전 해인 1436년은 봄과 여름에 계속 가물어 시내와 우물까지 모두 말랐다. 그래서 경기도 남부 지역을 비롯해 전국적으로 농사를 지을 수가 없었다. "경상도와 전라도의 바닷가 두어 고을이 조금 결실을 거두었을" 따름이다. 설상가상으로 1437년 봄에는 역질(疫疾)이 크게 유행하여 "백성들이 자기 손으로 소와 말을 잡고, 나무껍질을 벗기고, 보리 뿌리를 캐어 먹으며, 처자를 보전하지 못하여 처자를 버리고 도망하는 자도 있었다"(《세종실록》 19/2/9).

이에 세종은 전국에 진제장(賑濟場)을 설치해 그곳에 오는 자는 출신지와 신분을 묻지 말고 음식을 주게 했다. 그리고 수령들의 승진평가에는 얼마만큼 많은 기민을 효과적으로 구제했는가를 반영하도록 했다. 특히 그는 "급히 수령들로 하여금 이 뜻을 경내에 통고하게 하여, 궁촌(窮村) 벽항(僻巷)의 백성들까지도 고루 알지 못하는 사람이 없도록 해서 마음대로 왕래하게 하라"라고 하여 소통을 매우 중시했다. 그런 가운데 세종은 구휼사업에 필요한 재정을 확충하기 위해 재산을 헌납하겠다는 약속을 했다.

그런데 여기서 주목되는 것은 "하늘의 재앙[天災]과 땅에서 일어나는 재앙[地異]은 인력으로 할 수 없는 것이지만, 배포조치(配布措置)는 사람의 힘으로 할 수 있다"라는 세종의 말이다. 이 말은 정치의 영역, 즉 사람의 힘으로 할 수 있는 최선을 다한다는 정신을 보여준다. 앞서도 말했듯이, '사람의 힘으로 할 수 있는 것은 최선을 다해야 한다. 그래서 그때 할 수 있었는데, 하지 않아서[不爲] 후회하는 일이 없어야 한다'라는 게 세종의 생각이었다. 세종은 "하늘의 운수로는 이와 같더라도 사람의 일을 다하지 않을 수 없다. 만일 사람의 일이 조금도 결점이 없는데도 굶어 죽는 사람이 그대로라면 그것은 하늘의 일이다. 그러나 만일 사람의 일이 혹시라도 미진함이 있다면 상과 벌이 없을 수 없다"(《세종실록》 19/1/22)라며 관리들을 독려했다.

세종은 관리들에게만 해야 할 바를 다하라고 강조하지 않았다. 제시된 인용문 "자손이 번성하고 많은 것이 경사라고는 하지마는, 한갓 국록[天祿]을 허비하고 건물[營繕]이 또한 많아, 그 때문에 재앙이 온 게 아닌가 생각되어 내가 심히 부끄럽다"라는 세종의 말이 주목된다. 이 대목은 당시 국가가 처한 어려운 사정에 비추어 '자기부터 반성하는' 세종의 태도를 여실히 보여준다.

흥미로운 것은 당시 승지들의 반응이다. 승지들은 대군(大君: 왕의 적자)과 부마에게 봉록과 집을 내려주는 것은 국가의 법에 따른 것인데, 그들의 과전을 줄이는 것은 온당치 못하다고 말했다. 그럴 바엔 조정 모든 관료의 과전을 일정하게 줄이자고 제안하기도 했다. 그러자 세종은 "정1품 관리의 과전이 150결인데 대군의 밭이 300결이니 너무 많은 것 같다. 50결을 감하더라도 여전히 100결이 많다"고 말했다. 그러면서 수양대군 등 대군들의 과전을 50결씩 줄이고, 부마 연창군 등은 30결씩 줄일 것을 지시했다. 아울러 세종은 이제부터 "대군의 밭은 250결에 지나지 말게 하고, 여러 군(君: 왕의 서자)의 밭은 180결에 그치게" 하는 것을 영구적으로 법제화했다(《세종실록》 19/1/12). [같은 해(재위 19년) 1월에 관료들의 봉급도 일제히 감액되었다. 1~2품은 콩 3석을, 3~6품은 콩 2석을, 7품 이하는 콩 1석을 줄였다. 명주와 정포 등도 줄였다(《세종실록》 19/1/6).]

이처럼 왕족들의 과전을 줄인 세종의 노력은 국가재정에 어느 정도 도움이 되었을까? 기록을 보면 세종은 소헌왕후 심씨에게서 8남 2녀를, 신빈 김씨를 포함한 8명의 후궁에게서 10남 2녀를 두었다(총 18남 4녀).

세종의 큰아버지 정종은 9명의 후궁에게서만 17남 8녀를 두었다(정안왕후 김씨는 무자녀). 아버지 태종 역시 9명의 후궁을 두어 8남 13녀를, 원경왕후 민씨로부터 4남 4녀를 얻었다. 한마디로 세종 당시 80여 명의 왕자와 대군이 일정한 관록과 집을 받아서 살고 있었던 것이다. 따라서 국왕 가족의 재산을 일부 헌납한 일은

 구분	 정종	 태종	세종	총인원
왕비, 후궁	왕비 1, 후궁 9	왕비 1, 후궁 9	왕비 1, 후궁 8	29명
자녀	17남 8녀	12남 17녀	18남 4녀	76명

세종 당시 국왕 가족의 수

국가재정에 적지 않은 도움이 되었을 것으로 추측된다.

과미심괴 誇美甚愧

아부하는 사람을 멀리하라

"이처럼 아름다움을 과장하는 일은 내가 심히 부끄럽게 여긴다."

如此誇美之事 予甚愧焉

• 《세종실록》 재위 19년 5월 8일

과미심괴(誇美甚愧)란 '아름다움을 과장하는 것을 매우 부끄럽게 여긴다'라는 뜻이다.

1437년(세종 19년) 5월에 있었던 일이다. 경기도 관찰사가 도내에서 보리가 한 줄기에 이삭이 네 개나 열린 것을 바치며, 이처럼 "신령스러운 일이 발생한 것은 바로 육부와 삼사가 잘 다스려진 까닭"이라면서, "아름다운 상서(祥瑞)"를 축하하는 행사를 열 것을 제안했다. 제시된 인용문은 그 제안을 듣고 세종이 한 말이다.

세종은 그에게 이 보리 종자를 잘 심어 좋은 품종으로 개량해 다시 바치라고 지시했다. 이처럼 세종은 자신을 비범한 성군으로 추앙하려는 신료들의 아부성 발언을 차단하는 한편, 오히려 그것을 개선과 발전의 계기로 삼았다.

세종 시대는 가뭄과 홍수 등으로 한 해도 흉년이 아닌 해가 없었다. 그러나 동시에 상서로운 일들도 여러 번 있었다. "전년에 평강(平康)에서 강무(講武)할 때에 흰 꿩[白雉]이 임금의 수레 앞에 나타났으며, 금년은 전라도와 경상도에서 여러 번 청낭간(산호와 비슷하게 생긴 푸른빛 보석)을 바쳐서, 예조에서 바다의 상서[海瑞]라고 일컬어 가송(歌頌)을 지어서 회례연에 연주하고자 한다"는 기록도 있다. 당시 신하들은 흰 꿩이나 청낭간 또는 산호수와 감로 등 이른바 '상서로운 물건'이 나타난 것은 성인의 도래를 하늘이 인정한 것이라며, 이를 노래지어 연주하자고 자축 겸 아부성 발

誇美甚愧

언을 내놓았다. 그러나 세종은 "상서로운 물건은 요행일 뿐 감응은 아니다"라면서 그런 말을 차단했다.

세종은 아첨하는 것을 본능적으로 꺼렸다. 아부를 듣는 순간 위험에 빠진다고 생각한 듯하다. 아부는 듣는 사람을 들뜨게 만드는 경향이 있다. 마치 식물이 흙에서 떨어지는 순간 마르기 시작하는 것처럼, 아부는 사람으로 하여금 현실에서 떨어지게 해 사실에 기반한 정확한 판단을 못 하게 한다.

재위 14년 10월에는 《삼강행실도》 서문에 왕 자신을 칭송한 말이 있음을 보고 다음과 같이 말하며 그것을 고치게 했다. "나는 나의 덕이 주남(周南)이나 소남(召南)보다 훨씬 멀고 길다는[遠邁] 말은 너무 지나친 칭찬이라고 생각한다."

아울러 그는 "예로부터 신하가 임금을 기리는 데 실제 모습보다 지나치고 아름다움이 도에 넘치는 경향이 있다"라면서 그것을 조심해야 한다고 지적했다. 《용비어천가》를 편찬할 때, 자신의 재위 중 업적을 포함시키자는 신하들의 제안을 거절한 것도 같은 맥락에서였다. "당대의 일을 가지고 찬송하게 할 수는 없다[未可以當世之事而詠歌之也]"며, 지금 일은 "뒷세상에서 평가하여 그때 노래하게 하자"(《세종실록》 14/5/7)라는 말이 그것이다.

정백허심 精白虛心

마음을 비워야 제대로 볼 수 있다

"슬프다. 죽은 자는 다시 살아날 수 없고, 형벌로 수족이 끊어진 자는 다시 이을 수 없다. 진실로 한번 실수하면 후회한들 미칠 수 있으랴. (…) 이제부터 나의 법을 맡은 내외 관리들은, 옛일을 거울로 삼아 지금 일을 경계하여, 정밀하고 명백하며 마음을 공평하게 하여 (…) 다방면으로 따져보고 되풀이해서 구해낼 방도를 찾으라."

繼自今爲吾執法中外官吏 尙其鑑古戒今 精白虛心 (…) 多方以詰之 反覆以求之

• 《세종실록》 재위 13년 6월 2일

정백허심(精白虛心)이란 '정밀하고 명백하며 마음을 공평하게 하라'라는 뜻이다. 옥사(獄事) 판결은 당사자에게 치명적인 결과를 미칠 것이므로, '정백허심' 네 글자야말로 법 맡은 관리가 가장 명심해야 할 마음가짐이라고 세종은 강조했다.

이 말은 《세종실록》에 한자로 3,844자로 되어 있는 '형옥의 변[刑獄之變]'에 들어 있다. 재위 13년째인 1431년 6월에 세종은 "형벌은 정치를 돕는 일"이라면서 옛날 교화가 잘되던 시절에도 형벌을 없앨 수는 없었다고 말했다. 순(舜)임금이 재판관 고요(皐陶)를 임명하여 "오형(五刑)을 밝혀서 오교(五教)를 돕게 한 결과, 온화하면서도 밝은 정치[雍熙之治]를 이룰 수 있었다"는 것이다.

세종에 따르면 "옥사란 것은 사람의 사생(死生)을 좌우하는 것"으로, "매질하는 밑에서는 얻어내지 못할 것이 없다[箠楚之下何求不得者]"고 한다. 그런데 법 맡은 관리가 "매질로 자복을 받아서, 죄가 있는 자를 요행히 면하게 하고, 죄가 없는 자를 허물에 빠지게 하면" 원통함이 맺혀서 족히 천지의 화기를 상하게 하고, 수재(水災)와 한재(旱災)를 부른다는 게 세종의 생각이었다.

세종은 잘못된 판결의 예로 중국 진(晉)나라 임치현 한 과부의 예로부터, 우리나라 서울 수구문(水口門) 밖 막산(莫山)의 무고 사건까지 억울한 11개 재판을 열거한다. 이처럼 적지 않은 분량을 할애하여 중국과 우리나라의 판례를 열거한 이유는 물론

오판(誤判)의 위험을 강조하기 위함도 있었다. 그렇지만 다른 한편으로 "형벌 범하는 자가 없어지기를 기약하기 위해서[期于無刑]"(《세종실록》 6/8/21)는 백성들에게 법을 알게 해야 한다고 보았기 때문이다.

"우부우부(愚夫愚婦)로 하여금 범죄를 피할 줄 알게 하려는[使愚夫愚婦知避]"(《세종실록》 14/11/7) 세종의 정책은 일관되게 나타났다. 문신 중에 정통한 자를 가려서 따로 《대명률(大明律)》 등의 글을 강습(講習)시키라고 지시한 것이나(《세종실록》 8/10/27), 금령(禁令)의 조문을 33가지로 요약해서 광화문 밖과 도서의 각 문 및 종루 등지에 걸어서 다 알게 한 것은 그런 맥락에서 나온 것이다(《세종실록》 11/2/5).

앞서 봤듯이, 세종의 말에서 인상적인 것은 "죽는 자가 구천(九泉)에서 원한을 품지 않게 하고, 산 자로 하여금 마음속에 한탄을 품음이 없게[使死者不含怨於九泉 生者無抱恨於方寸]" 하겠다는 대목이다. '원한과 한탄 없는 판결'을 위해 법 맡은 관리에게 가장 필요한 것이 '정밀 명백하고 공평한 마음[精白虛心]'이다.

세종은 '정백허심'을 지키기 위한 일곱 가지 계명을 강조했다. 첫째 자기 의견에 구애되지 않기[無拘於一己之見], 둘째 선입된 말에 묶이지 말기[無主於先入之辭], 셋째 부화뇌동하지 않기[毋雷同而効轍], 넷째 옛날 방식에 구애되지 않기[毋苟且以因循], 다섯째 죄수의 쉬운 자복을 기뻐하지 않기[勿喜囚人之易服], 여섯째 판결서(判決書=獄辭) 빨리 만들려 하지 않기[勿要獄辭之速成], 일곱째 다방면으로 따져보고 되풀이해서 구해낼 방도를 찾기[多方以詰之 反覆以求之]다.

이것은 비단 재판관에게만 해당하는 게 아니라, 현명한 판결을 내리려는 지도자에게도 핵심 덕목이 아닐까 생각한다.

조존사망 操存捨亡

방심하지 말고 마음을 굳게 지켜라

"사람의 마음은 무상하여 지키면 그대로 있되, 놓아버리면 없어지는 것입니다. 정사를 처결하시고 학문에 힘쓰는 일 외에 딴생각이 그 사이에 움트지 않으면 총명이 날로 넓어질 것입니다."

人心無常 操則存 捨則亡 聽政學問之外 無他雜念萌于其間 則聰明日廣矣. 上然之

• 《세종실록》 재위 1년 1월 17일

조존사망(操存捨亡)이란, '사람이 자기 마음을 지키면 그대로 있되, 방심하면 순식간에 좋은 취지가 사라져버린다'라는 뜻이다.

제시된 인용문은 1419년, 즉 세종 재위 1년 정월에 경연관 탁신(卓愼)이 스물셋 청년 군주 세종에게 한 말이다. 동지경연사 탁신은 당시 경연의 교재였던 《대학연의(大學衍義)》를 언급하며, "이 책은 선과 악이 분명하여 경계가 되기에 족하니, 진실로 인군의 귀감(龜鑑)이옵니다. 전하께서 등한히 마시고 항상 익히 보시옵소서"라고 말했다.

아마도 《대학연의》 제29권 성의정심의 요체 부분을 읽고 있었던 듯하다. 이에 대해 세종은 "내가 어려서부터 학문에 꿈을 독실히 하여 일찍이 조금도 게을리하지 아니했다. 《대학연의》는 마땅히 다시 자상히 읽겠다"라고 대답했다. '이미 공부한 것이지만, 경이 그렇게 말하니 다시 읽어보겠다'라고 약간은 자랑하듯, 그러나 겸손하게 대답을 한 것이다.

탁신은 다시 "신이 일찍이 대궐에 나아가 전하께서 손에 책을 놓지 아니하시고 밤이 깊어야 주무신다는 말을 듣고 무엇보다 기뻤사옵니다. 원컨대 전하께서 이 마음을 지키시어 게을리 마옵소서"라면서, 제시된 인용문을 언급했다. 그러자 세종은 곧바로 "그러하겠다"라고 대답했다.

군신 간의 기 싸움과 약간의 지적 주도권 다툼이 느껴지는 한

장면이다.

사실 이 대목은《맹자》'고자장구 상'에 나오는 말이다. 고자(告子)라는 사람이 "사람의 성품은 여울물과 같아서 동쪽으로 터놓으면 동쪽으로 흐르고 서쪽으로 터놓으면 서쪽으로 흐른다. 성품에서 선함과 불선함이 구분 없음은 마치 물이 동쪽과 서쪽으로 분별없이 흘러가는 것과 같다"라고 말했다.

이에 대해 맹자는 "물이 흘러가는 것은 동서(東西)가 없지만, 상하(上下)의 분별은 있지 않은가?"라면서 "성품의 선함은 물이 아래로 흘러내려 가는 것과 같다"면서 성선설을 주장했다. 이를 두고 맹자 제자들 사이에 논란이 벌어지자, 맹자는 '측은지심[仁]과 수오지심[義]과 공경지심[禮]과 시비지심[智]은 누구나 가지고 있지 않느냐?'라고 말했다. 이어서 그는 "우리가 모두 고유하게 갖고 있는 것이지만, 사람들이 다만 생각하지 못할 뿐이다. 그러므로 구하면 얻고 버리면 잃는다"라고 말했다. 맹자는 여러 가지 비유를 들어서 "성인도 나와 같은 유의 사람이다[聖人與我同類者]"라는 결론을 내린다.

맹자는 우리 속에 있는 '성인의 선한 마음'을 강조하면서 공자의 유명한 말, 즉 "잡으면 보존되고 놓으면 잃어버린다. 나가고 들어옴이 정한 때가 없으니, 그 방향을 알 수 없는 것이 바로 사람의 마음이다[操則存 捨則亡 出入無時 莫知其向 惟心之謂與]"라는 말을 인용한다.

앞의 경연장에서 탁신은 세종에게 '당신도 요순 같은 뛰어난 리더가 될 수 있으니, 그 마음 중심을 놓치지 말고 정진하시라'라는 조언을 한 것이다.

나는 대한민국 사람 모두에게 세종대왕의 DNA가 전해지고 있다고 생각한다(Sejong-in-us). 잊히고 가려져 있지만, 우리 내면 깊숙한 곳에 있는 세종대왕의 어진 마음을 상기(想起)하면서 그 마음을 굳게 지킨다면, 누구나 세종대왕과 같은 훌륭한 리더가 될 수 있다고 믿는다.

세종을 만든 인문적 기풍,
세종이 펼친 인문전략

요즘《세종실록》을 다시 읽으면서 새롭게 발견한 것들이 있다. 그 첫째는, 세종과 그 시대 사람들의 수준 높은 인문적 기풍이다. 세종이 책을 좋아한 호학(好學) 군주라는 것은 잘 알려져 있다. 왕자 시절에 부왕 태종의 눈을 피해서 1,100번이나 읽었다는《구소수간(歐蘇手簡)》, 즉 구양수와 소식의 편지모음집을 비롯해서, 왕위에 오른 후 경연에서 읽은 책만도 23종이나 된다. 이 중에서《통감강목(通鑑綱目)》의 경우는 세종 자신도 이해하기 어렵다고 토로했다. "이 책은 20~30번이나 읽었는데" "이제 또 이 책을 읽어봄에 자못 의심나는 곳이 있으니, 학문이란 진실로 가위 무궁한 것이로다"라는 말이 그것이다.

세종이 이처럼 책을 중시했고, 고전의 지식을 국가경영에 반영할 수 있었던 가장 큰 이유는 그 스스로가 문학과 문장을 매우 중시하는 풍토에서 자랐기 때문이다. 이제현과 이색 등의 문장이 국경을 넘어 중국이나 일본에까지 명성을 떨친 것은 알려져 있거니와, 고려 말 조선 초기의 사람들은 목숨을 건 정치비판을 하면서도 자기 생각을 시의 운율에 실어서 표현하곤 했다. 그들은 아무리 뜻이 옳고 높더라도 문학적 은유에 실어 표현하지 않으면 동류(同類)에 끼워주지 않았다. 사물과 계절을 소재 삼아서 자신의 생각을 완곡하게 전달하는 것을 최고로 쳤다. 세종은 바로 이런 인문적 기풍 속에서 자랐으며, 그것이 그로 하여금 유연하고 창의적인 인물로 성장하게 했다.

나는 《세종실록》에 담긴 짧지만 통찰력 있는 문구와, 고전을 완전히 소화한 상태에서 자기 뜻을 함축적으로 표현하는 그 시대 사람들에게 매료되곤 했다. 지금까지 살펴본 52개의 사자성어는 그 중에서 가장 마음에 와닿는 것들이다. 예컨대 '성심적솔(誠心迪率)'이라는 사자성어는 '리더십'이란 외래어를 대체할 수 있는 세종식 표현이다. '적솔력(迪率力)'으로 바꿔 부를 수 있는 이 말은 '영도력'이나 '지도력'과 달리 지도자의 솔선수범하는 태도를 강조하는 참신한 용어다.

그 둘째로, 내가 연구자로서 세종에게 배운 것은 무엇보다도 '전제(前提) 되고 있는 것을 문제(問題) 삼는' 태도다. 세종은 멋진 문장을 구사하는 것에 그치는 게 아니라, 항상 원점에서 다시 생각해보는 인문학적 태도를 지녔던 인물이었다. 재위 19년이 되는 1437년 가을의 경연 대화가 그 예다.

세종은 주자에 대해서 "그는 진실로 후세 사람으로서 논의할 대상이 아니"지만 그가 "잘못을 바로잡은 말에, 또 그 자신이 한 말 역시 의심스러운 곳이 있다[其自爲說者 亦有可疑處]"고 말했다. 나아가서 "비록 주자의 말이라 할지라도 다 믿을 수는 없을 듯하다[雖朱子之說 疑亦不可盡信也]"고 강조했다(《세종실록》19/10/23).

'주자의 말에도 역시 의심스런 것이 있다'는 세종의 이 말은 가히 충격적이다. 아무리 국왕이라지만, 어떻게 성리학의 성인(聖人)인 주자를 '틀렸다'고 말할 수 있었을까? 조선 후기 같았으면 당장 '사문난적(斯文亂賊)' 즉 유교의 진리와 질서를 어지럽히는 도적이라는 공격이 들어왔을 것이다. 그런데 놀랍게도 이 말을 들은 승지 권채 역시 "주자의 제자 요씨(饒氏)도 가끔 (주자의 주장에 대해서) 이론(異論)을 세웠습니다"라고 세종의 말에 맞장구를 치고 있다.

세종시대의 경연(經筵) 분위기가 바로 이러했다. 설사 공자나 주자의 말이라 할지라도 의심나면 고전의 기록을 확인하고 세상

이치를 따져보아서 옳고 그름을 가려내야 한다는 게 그 당시 분위기였다. 세종과 그 시대 사람들은 유교 이외의 사상에 대해서도 "투철하게(洞)" "그 근원을 캐어본" 다음에 "나라에 이롭고" "국가에 도움"이 된다면 실용적인 차원에서 이용하려는 태도를 가지고 있었다.

15세기 조선이 세계 최고 수준의 과학적 성과를 거두고, 음악·문자·의약 등 거의 전 분야에서 탁월한 성취를 거둔 배경에는 세종의 '인문전략'이 있었다. 인문전략이란 '인문학을 활용한 혁신전략'을 가리키는데, 세종의 경우 크게 두 가지 방향으로 전개되었다. 그 하나는 지도층에게 경연(經筵)이라는 세미나식 어전회의에서 인문고전을 적극 활용한 일이다.

다른 하나는, 백성들에게 시간이라는 고급 정보와 문자라는 소통 권력을 나누어준 것이다. '앙부일구'라는 오목해시계와 '자격루'라는 물시계를 전국에 배치해 백성들 누구나 시간을 스스로 알 수 있게 한 것이 전자(정보 보급)의 사례라면, 한글을 창제해 일상생활에서 소통을 원활하게 하고 재판기록에서 억울함이 발생하지 않도록 한 것은 후자(문자권력)의 사례다.

세종이 이처럼 인문고전을 적극 활용하고 고급정보와 문자권력을 백성들과 공유한 것은, 신민들의 삶과 생각의 수준이 크게 높아질 때 국격(國格)도 높아질 수 있다고 믿었기 때문이다. 그것이 나라의 인문적 기풍을 크게 고양시켰고, 조선왕조를 동아시아 최고의 문명국가로 도약하는 데 결정적으로 기여했다.

국가나 기업이 지금보다 훨씬 높은 단계로 뛰어오르게 하려 한다면 무엇을 해야 하는가? 이른바 '퀀텀(Quantum) 점프'를 하려면 어떻게 해야 하는가? 나는 세종의 인문학을 활용한 혁신전략(인문전략)을 추천하고 싶다. 그동안 많은 경영학자들은 효율성을 위해 아주 다양한 방법들을 제시해 왔다. 식스 시그마, SWOT 분석, 트리즈, 액션 러닝 등 수많은 혁신기법들이 그것이다. 그런데 최근의 연구에 따르면 "지금까지의 혁신 툴은 현재의 패턴을 성찰하고 아이디어를 구체화하는 데는 도움이 되지만, 완전히 새로운 질문을 던지는 데는 별로 도움 되지 않는다"라고 한다(R. Verganti 2011, 《디자이노베이션: 창조적인 혁신전략》). 퀀텀 점프 식의 도약은 가져오지 못한 것이다.

완전히 새로운 질문, 즉 기존의 통념을 깨는 과감한 혁신 아이디어는 인문학적 사고에서 나올 수 있다. 인문학은 늘 인간 자체를 성찰하는 학문이며, 좀더 행복하게 사는 길을 고민해온 노력의 결집체이기 때문이다. 인문학적 사고는 세종이 그랬던 것처럼, 지금 우리가 하고 있는 일을 원점에서 되돌아보게 한다. 박연이 '조선의 황종음'을 만들어낼 때, 황자후가 《향약집성방》을 편찬할 때, 그리고 세종이 동물그림 해시계를 궁궐 밖 길가에 내놓자고 할 때, 그들은 모두 인문학적 사고를 거쳤다.

세종이 남긴 52개의 인문학적 통찰에서 우리 시대의 해법을 함께 발견해 가길 간절히 소망한다.

참고문헌

1차 문헌

《조선왕조실록》《서경》《논어》《맹자》《대학연의》《동문선》(서거정)

《연려실기술》(이긍익) 《율곡전서》(이이) 《성호사설》(이익)

2차 문헌

강신항, 1974. 《훈민정음》, 서울: 신구문화사

강희맹, 1999. 《국역 사숙재집》 권 6, 서울: 세종대왕기념사업회

김두종, 1974. 《한국 고인쇄기술사》, 서울: 탐구당

김두종, 1981. 《한국의학사》, 서울: 탐구당

남문현, 2002. 《장영실과 자격루: 조선시대 시간측정 역사 복원》, 서울: 서울대학교 출판부

남지대, 1980. "조선초기의 경연제도: 세종·문종연간을 중심으로", 〈한국사론〉 6권, 단일호, 서울대학교 인문대학

박병호, 1986. 《세종시대의 법률》, 세종대왕기념사업회

박성래, 1997. 《세종시대의 과학기술, 그 현대적 의미》, 한국과학재단

박현모, 2006. 《세종의 수성리더십》, 서울: 삼성경제연구소

박현모, 2014. 《세종이라면: 오래된 미래의 리더십》, 서울: 미다스북스.

세종대왕기념사업회, 2001.《세종문화사대계3 - 정치, 경제, 군사, 외교, 역사》
세종대왕기념사업회, 1981.《세종대왕어록 1,2》, 세종대왕기념사업회
손보기, 1976.《금속활자와 인쇄술》, 세종대왕기념사업회.
손보기, 1984.《세종대왕과 집현전》, 세종대왕기념사업회
송혜진, 2001. '세종대 음악정책의 전개양상과 특성', 정신문화연구원(편)
이긍익, 1966.《국역 연려실기술》, 서울: 민족문화추진회
이숭령, 1981.《세종대왕의 학문과 사상》, 아세아문화사
이이, 2007.《국역 율곡전서 3》, 성남: 한국학중앙연구원
이익, 1982.《성호사설》, 인사문, 서울: 민족문화추진회
전상운, 2000b.《한국과학사》, 사이언스북
정두희, 1983.《조선초기 정치지배세력 연구》, 일조각
정인지 외, 2001.《국역 치평요람》, 서울: 세종대왕기념사업회
정창권, 2011.《역사 속 장애인은 어떻게 살았을까》, 서울: 글항아리
스티븐 코비, 1994.《성공하는 사람들의 7가지 습관》, 김경섭 외 번역, 서울: 김영사
G. 샘슨, 1985.《*Writing Systems*》, Stanford Univ. Press
A. 토크빌, 1997.《미국의 민주주의》, 임효선 외 번역, 서울: 한길사
월터 아이작슨, 2011.《스티브 잡스》, 안진환 번역, 서울: 민음사

1418년(즉위년) 8월 태종, 충녕에게 왕위를 물려줌

1418년(즉위년) 10월 처음으로 경연을 엶

1418년(즉위년) 12월 집현전 설치. 고려사 편찬 지시

1419년(재위 1년) 6월 이종무, 227척의 병선과 군사 1만7,285명 이끌고 대마도 정벌

1419년(재위 1년) 7월 대마도 원정군 거제도로 귀환

1419년(재위 1년) 7월 명나라 정화, 남해 원정에서 돌아옴

1419년(재위 1년) 9월 정종 사망

1422년(재위 4년) 5월 태종 사망

1423년(재위 5년) 9월 조선통보 주조

1423년(재위 5년) 12월 지방 의녀를 선발해 제생원에서 의술 교육

1426년(재위 8년) 2월 한성부에 큰 불. 방화법 제정

1426년(재위 8년) 4월 관노비에게 출산후 휴가 100일 줌

1426년(재위 8년) 12월 독서당 설치. 재능 있고 젊은 문신에게 사가독서

1427년(재위 9년) 9월《향약구급방》을 충청도에 보내 간행케 함

1428년(재위 10년) 12월 일본에 통신사 보냄

1429년(재위 11년) 5월 정초,《농사직설》편찬. 다음 해부터 배포

1429년(재위 11년) 12월 통신사 박서생, 일본 국정을 보고함

1430년(재위 12년) 4월 변계량 사망

1430년(재위 12년) 7월 공법 타당성에 대한 여론조사 실시

1431년(재위 13년) 3월 춘추관,《태종실록》완성

1431년(재위 13년) 6월《대명률》을 상정소에서 국역케 함

1432년(재위 14년) 1월 처음으로 아악 사용

1432년(재위 14년) 5월 명나라 사신 소 1만 필 매매 요청

1432년(재위 14년) 12월 파저강의 이만주 일당, 여연 지역 침공 약탈

1433년(재위 15년) 4월 최윤덕, 1만5,000명의 원정군으로 파저강 일대의 이만주 토벌

1434년(재위 16년) 10월 회령을 도호부로 승격. 동북지역에 6진 설치. 앙부일구로 시간 측정, 경복궁에 자격루 설치

1433년(재위 15년) 10월 수령(부민) 고소금지법 개정(억울함 듣되, 관리 처벌 금지)

1434년(재위 16년) 3월 광화문에 새 종을 닮

1434년(재위 16년) 4월《삼강행실도》간행 배포

1434년(재위 16년) 6월 4군(자성군) 설치 시작(1월에 이미 육진(종성) 설치 시작)

1434년(재위 16년) 7월 자격루 사용(표준시계)

1434년(재위 16년) 10월 앙부일구로 시간 측정

1435년(재위 17년) 1월 오랑캐 기병 2,700여 명, 여연군 공격

1435년(재위 17년) 6월 경성에 200호, 길주에 300호를 이주시킴

1435년(재위 17년) 6월 전 형조판서 신개의 상언(절도·강도의 만연, 대책 상언)

1436년(재위 18년) 4월 의정부서사제 회복

1436년(재위 18년) 5월 공법절목(貢法節目) 제정(윤6월, 공법상정소 설치)

1436년(재위 18년) 10월 우디거 여진족 3,000여 명 경원 침입

1436년(재위 18년) 11월 김종서, '은위(恩威) 병용'의 여진족 대응책 건의

1437년(재위 19년) 9월 이천(李蕆), 병사 8,000명 이끌고 재차 여진족 정벌 (2차 파저강 토벌)

1438년(재위 20년) 2월 흥천사 사리각(舍利閣) 수리 지시

1438년(재위 20년) 7월 공법을 경상·전라도에 시행함

1438년(재위 20년) 10월 맹사성(1360-) 사망

1438년(재위 20년) 장영실, 옥루(자동 물시계) 만듦

1439년(재위 21년) 허조(1369-) 사망

1440년(재위 22년) 5월 공법을 경상·전라도에 시행함(이 해 9월 경상도 주민 1,000명, 신문고 쳐서 공법 폐지 요구)

1441년(재위 23년) 5월 충청도에 공법 실시

1441년(재위 23년) 5월 경상·충청·전라도 주민 1,600여 호 함경도에 이주

1441년(재위 23년) 8월 이천·장영실 등, 세계 최고의 철제 측우기 설치

1442년(재위 24년) 9월 세자첨사원 설치(7월부터 논쟁 시작)

1443년(재위 25년) 4월 세자에게 정사(政事)를 섭정케 함

1443년(재위 25년) 11월 전제상정소 설치

1443년(재위 25년) 12월 훈민정음 창제

1444년(재위 26년) 2월 최만리 등 훈민정음 창제 반대 상소 올림

1444년(재위 26년) 10월 집현전,《오례의주》상정

1444년(재위 26년) 11월 전분6등, 연분9등의 공법 확정

1445년(재위 27년) 3월 권제 등,《용비어천가》10권을 편찬해 올림

1445년(재위 27년) 11월 역대실록을 춘추관·충주·성주·전주의 사고에 분

장시킴

1446년(재위 28년) 3월 세종비 소헌왕후 심씨 사망(1395-)

1446년(재위 28년) 7월 수양대군, 《석보상절》 편찬(다음 해 7월 완성)

1446년(재위 28년) 9월 훈민정음 반포(이 해 11월에 언문청 설치. 12월에 이과(吏科) 시험과목에 훈민정음 추가)

1446년(재위 28년) 12율의 기본음인 황종율을 낼 수 있는 황종관 제작

1448년(재위 30년) 7월 문소전에 내불당 세움(12월 완성)

1448년(재위 30년) 4월 원손 홍위, 왕세손에 책봉됨(나중의 단종)

1448년(재위 30년) 7월 성균관 및 사부학당 생도들, 불당 건립에 반대, 동맹휴학

1449년(재위 31년) 8월 명 영종황제가 토목보에서 몽골군(오이라트군)에 사로잡힘('토목의 변')

1449년(재위 31년) 9월 새로 즉위한 명나라 경제, 조선의 파병 요청

1449년(재위 31년) 12월 명나라에서 말 2만~3만 필 매매 요구

1450년(재위 32년) 1월 양성지, 비변10책 건의

1450년(재위 32년) 2월 세종 훙서(1397-)

世宗의
迪率力